NO SON MICRO

MACHISMOS COTIDIANOS

CLAUDIA DE LA GARZA

ERÉNDIRA DERBEZ

Grijalbo

El papel utilizado para la impresión de este libro ha sido fabricado a partir de madera procedente de bosques y plantaciones gestionadas con los más altos estándares ambientales, garantizando una explotación de los recursos sostenible con el medio ambiente y beneficiosa para las personas.

Penguin
Random House
Grupo Editorial

No son micro
Machismos cotidianos

Primera edición: febrero, 2020
Primera reimpresión: marzo, 2020
Segunda reimpresión: agosto, 2020
Tercera reimpresión: octubre, 2020
Cuarta reimpresión: enero, 2021
Quinta reimpresión: abril, 2021
Sexta reimpresión: julio, 2021
Séptima reimpresión: enero, 2022
Octava reimpresión: enero, 2024
Novena reimpresión: febrero, 2024

D. R. © 2020, Claudia de la Garza y Eréndira Derbez

D. R. © 2024, derechos de edición mundiales en lengua castellana:
Penguin Random House Grupo Editorial, S. A. de C. V.
Blvd. Miguel de Cervantes Saavedra núm. 301, 1er piso,
colonia Granada, alcaldía Miguel Hidalgo, C. P. 11520,
Ciudad de México

penguinlibros.com

D. R. © 2020, Eréndira Derbez, por las ilustraciones
D. R. © 2020, Amalia Ángeles, por el diseño de interiores

ISBN: 978-607-318-815-9

Impreso en los talleres de Grafimex Impresores S.A. de C.V., Av. de las torres No. 256,
Valle de San Lorenzo, Iztapalapa, C.P. 09970, CDMX

Impreso en México – *Printed in Mexico*

Debe haber otro modo (...)
Otro modo de ser humano y libre.
Otro modo de ser

ROSARIO CASTELLANOS

ÍNDICE

Cuando caminas por la calle te sientes intimidada por los comentarios obscenos que te dirigen los hombres al pasar. Te subes al metro, un tipo se te "arrima" mientras las personas alrededor fingen no darse cuenta. En la junta de trabajo eres interrumpida abruptamente por quinta vez al intentar presentar tu proyecto. Describes tus síntomas en la clínica de salud y te recomiendan que vayas a casa y te relajes, al parecer "sólo quieres llamar la atención" según el diagnóstico del médico...

Las anteriores son tan sólo algunas de las situaciones que nos ocurren a muchas mujeres. Nos referimos a acciones o comentarios que, de manera sutil o descarada, intencional o no, nos minimizan, descalifican, cosifican, silencian y agreden por el hecho de ser mujeres. A estos dichos, conductas y actitudes basadas en la creencia de que los hombres son superiores se les denomina machistas. El machismo es una ideología muy arraigada en nuestra cultura, que se presenta de muchas formas; abarca prácticas, discursos y comportamientos que niegan a las mujeres como personas autónomas e independientes.

No es un problema de unos cuantos hombres "malos" que odian a las mujeres y buscan ejercer su poder sobre ellas (aunque también los hay) o de mujeres "competitivas que se odian entre sí" y por eso replican actitudes machistas. Se trata de un problema estructural, una visión del mundo que se nos presenta como una realidad irrefutable y que incide en la sociedad en todos los niveles. Son comportamientos que aprendemos desde la infancia, y que sin darnos cuenta transmitimos a las nuevas generaciones porque

si "siempre ha sido así", será porque "así debe ser", ¿o no?...
Cuando hacemos algo una y otra vez terminamos por hacerlo
parecer normal. Vivimos en una sociedad que durante siglos
ha colocado a los hombres por encima de las mujeres y con esa
lógica ha organizado las relaciones entre seres humanos: se
nos asignan lugares, roles, conductas y hasta formas de expresarnos o movernos diferenciadas por nuestras características
biológicas. Al repetir estas prácticas contribuimos a mantener
un orden social desigual, en donde las mujeres son sometidas o
discriminadas y los hombres conservan la posición de dominio
que la sociedad les adjudica.

Todas las personas somos educadas dentro de este sistema,
de manera que tanto mujeres como hombres realizamos día
con día actos machistas. Hacemos o decimos cosas que refuerzan las desigualdades, la mayoría de las veces sin darnos cuenta:
una mirada de reprobación o un comentario irreflexivo, tanto
en lo privado, en pareja o en familia, como en los lugares que
compartimos con muchas personas, como en la escuela, en el
trabajo o en las redes sociales. Estos gestos, dichos, conductas
y actitudes de violencia sutil son llamados **micromachismos**
ya que, por la cotidianidad con la que se ejercen, suelen pasar
desapercibidos.

El término fue acuñado en 1990 por el psicoterapeuta ar-
gentino Luis Bonino para hablar de los comportamientos masculinos cotidianos que fuerzan, coartan o minan la autonomía
de las mujeres de forma sutil dentro de las relaciones de pareja
heterosexuales. De acuerdo con este autor, son "pequeñas ti-
ranías o violencias de baja intensidad"[1] realizadas por varones,
a través de las cuales buscan dominar a su pareja.[2] Lo peligroso es que son muy difíciles de detectar porque las asimilamos
como hábitos o costumbres, o las confundimos con una simple

---

[1] Luis Bonino. "Micromachismos: el poder masculino en la pareja moderna", en José Ángel Lozoya y José María Bedoya (coord.) *Voces de hombres por la igualdad*, http://vocesdehombres.
wordpress.com/, 2008, p. 96. [Consultado el 30 de marzo de 2019]

[2] Los planteamientos de Luis Bonino pueden consultarse en "Micromachismos: el poder
masculino en la pareja moderna", *op. cit.*

falta de educación y las dejamos pasar, independientemente de los efectos nefastos que tienen en nuestra vida a corto, mediano y largo plazo.

Durante los últimos años la palabra *micromachismo* ha adquirido mucha popularidad. Su significado se ha expandido más allá del ámbito de las relaciones de pareja y se utiliza para referirse a todos los comportamientos que refuerzan la posición de dominio de los hombres sobre las mujeres, machismo que parece invisible por la frecuencia con que sucede y porque su impacto es aparentemente nulo. El problema de este término es que se piensa que, por ser *micro*, prefijo que significa pequeño, se trata de conductas pequeñitas, poco importantes o que son "poca cosa". Es inevitable la asociación. Sin embargo, aquí el tamaño no es la cuestión, sino su cotidianidad y su persistencia.[3] A diferencia de los actos evidentes de violencia contra las mujeres, estas acciones han sido normalizadas y naturalizadas al grado de que no las vemos, muchas veces incluso son justificadas y legitimadas por la sociedad.

Piensa en los chistes, en el *viboreo*, en el juguete que le regalaste a tu sobrina en su último cumpleaños, en tus propios prejuicios... La mayoría de las veces estos actos no tienen la intención de herir o dañar a nadie, aunque lo hacen. A través de ellos hemos aprendido a relacionarnos, forman parte de nuestros hábitos y costumbres, y los repetimos sin pensar demasiado. Nos resultan tan familiares que parecen insignificantes e inocuos; sin embargo, experimentarlos de manera reiterada y combinada produce un efecto envolvente que afecta nuestro poder personal: nos hacen sentir inadecuadas, feas, culpables, inseguras, con miedo. El que no los veamos no los hace menos dañinos; por más discretos y sutiles que sean, sus efectos tienen un impacto monumental: son estos machismos cotidianos los que sostienen la organización social desigual en la que vi-

---

3 Mientras escribíamos este libro apareció el artículo "No son micromachismos", de Isabel Muntané Rodríguez, el 6 de febrero de 2019 en *El País*. Lo que escribe la periodista resonó con mucho de lo que pensamos y nos gustó encontrar que del otro lado del Atlántico existen discusiones hermanas.

vimos. Un micromachismo no es un ojo morado, no viola, no mata, pero sí forma parte de un sistema que permite la existencia de violencias mayores.

La sociedad está siempre en movimiento, las condiciones de vida se han precarizado, los roles de género se han transformado, las mujeres hemos cambiado y todo esto implica también un reacomodo en los roles masculinos. Los machismos velados y escurridizos que vivimos a diario son una adaptación del machismo tradicional a los nuevos escenarios sociales. La organización familiar, las calles, los salones de clase, los espacios de opinión y de toma de decisiones sin duda comienzan a incluir voces distintas que han luchado por hacerse visibles y exponer sus problemáticas; sin embargo, la equidad aún se encuentra lejos de nuestra realidad. El "espejismo de la igualdad", como llaman algunas autoras a esa idea de que la batalla está ganada y ya todos y todas tenemos los mismos derechos, desvía la atención y atribuye las situaciones de violencia machista a cuestiones personales o experiencias aisladas. Pero si fuera así, ¿por qué nos pasa a todas? Iniciativas en redes sociales como #PrimeiroAssedio en Brasil o #MiPrimerAcoso en México, el proyecto #EverydaySexism de la escritora británica Laura Bates, o el movimiento internacional #MeToo han puesto de manifiesto las proporciones del problema a través de la abrumadora cantidad de testimonios de mujeres que se atrevieron a denunciar y a poner por escrito sus experiencias de abuso. Quedó al descubierto que estos actos machistas, considerados inofensivos por ser tan comunes, no son un problema personal que afecta a unas cuantas, es un mal generalizado. Es una problemática social que permea en distintas esferas sociales, que cruza fronteras y repercute en la vida de las personas en distintos niveles, algunos de forma decisiva.

Por ejemplo, en el ámbito económico, una de las formas en que se manifiesta el machismo está pintada de rosa. Cuando vamos a un supermercado los anaqueles están repletos de versiones "femeninas" de una serie de productos de consumo común, como juguetes, ropa, productos de higiene, hasta chocolates y artículos de papelería: ¿para qué? ¿Cuál puede ser la diferencia entre un producto azul para hombre y uno rosa para mujer? La estrategia consiste simplemente en fabricar todo tipo de cosas en color rosa, colocarlas en empaques vistosos y cobrar más por ellas. Este costo añadido, conocido como tasa rosa (*pink tax*), se basa en una serie de estereotipos de género: la idea de que las mujeres somos más consumistas, que compramos irreflexivamente, o que al estar más preocupadas por nuestra imagen estaremos dispuestas a absorber cualquier precio,[4] aun cuando solemos percibir menores salarios. Y es que la discriminación económica hacia las mujeres va más allá de las etiquetas de colores pastel. De acuerdo con la Organización Internacional del Trabajo, para 2018 la brecha salarial por género global fue de alrededor de 20%. Esta desigualdad en la remuneración del trabajo entre un hombre y una mujer que realizan el mismo trabajo está sostenida por ideas machistas muy arraigadas (¿les suenan frases como: "Se habrá acostado con alguien para llegar ahí"?) que se resisten a reconocer y valorar de la misma forma el trabajo de una mujer que el de un hombre.

Otro aspecto en el que influyen de manera definitiva los machismos cotidianos es el acceso a la justicia. El caso de la Manada ocurrido en España es un ejemplo de esto. La noche del 7 de julio de 2016 José Ángel Preda, Alfonso Jesús Cabezuelo (militar), Ángel Boza y Antonio Guerrero (guardia civil) forzaron a entrar a un portal a una mujer de 18 años que caminaba de noche por las calles de Pamplona y la violaron. La penetraron simultáneamente sin preservativo y videograbaron la escena. Difundieron ellos mismos los videos de la "hazaña". Cuando huyeron, la dejaron tirada, desnuda y le robaron su teléfono, lo que le impidió pedir auxilio. Una pareja la encontró

---

[4] Es interesante notar que, de acuerdo con algunos estudios a nivel internacional, las mujeres tienen un importante papel en las decisiones de compra: más de 70% a nivel mundial (Silverstein y Sayre, "The Female Economy", *Harvard Business Review*, septiembre de 2009). Este fenómeno está estrechamente relacionado con el hecho de que las mujeres siguen dedicando más tiempo al cuidado no remunerado, lo que implica que son las encargadas de la mayoría de las compras del hogar, y también el principal objetivo de las estrategias de mercadotecnia.

en la madrugada y llamó a la policía. Los cinco hombres fueron juzgados; sin embargo, el tratamiento del caso en la prensa y las opiniones al respecto resultan sintomáticas. Se podían leer comentarios como: ¿Por qué no opuso resistencia y no se marchó de ahí?; o que si realmente esto la traumó, ¿por qué seguía con su vida, salía con sus amigas y hasta viajaba? El juicio, casi todo el tiempo, fue para ella.

Los criminales fueron condenados en Navarra por abuso sexual. El fallo fue sumamente laxo y el tribunal descartó los agravios que vivió la mujer como violación y condenó a los hombres sólo por abuso sexual; en lugar de sentenciarlos a más de 20 años de prisión, como pidió la fiscalía, los sentenció a nueve. A partir de ello las mujeres salieron a la calle: si la justicia machista no cree en ellas, ¿por qué ellas deberían creer en la justicia? El caso resonó en todo el mundo y llegó hasta el Tribunal Supremo. Tuvieron que pasar tres años después de los hechos para que en junio de 2019, tras escuchar los recursos de las acusaciones y las defensas contra la sentencia dictada por el Tribunal Superior de Justicia de Navarra (que ratificó la de la Audiencia de Navarra), el tribunal decidiera revocar las sentencias y calificar los hechos como violación; se elevó así la condena a 15 años.

México no es la excepción. Rápidamente fue relacionado con el caso de los Porkys (2015), otro grupo de violadores beneficiados por el sistema de justicia machista. En el estado de Veracruz, Daphne, una joven menor de edad, declaró que fue jalada y metida a un coche a la fuerza. Quedó en el asiento de atrás en medio de dos hombres. Los otros dos iban adelante. Le jalonearon la blusa, tocaron sus senos, metieron sus dedos en su vagina e ignoraron las veces que ella pidió que pararan. Se burlaron de ella y luego, en la casa del conductor del automóvil, él mismo la violó. A Diego Cruz se le acusó de pederastia, al ser ella menor. En su momento, se declaró como insuficiente el auto de formal prisión en contra de Cruz; según el juez de distrito no hubo pruebas de abuso sexual, ya que además de probarse el "acto libidinoso" también se debe comprobar que hubiese una intención lasciva del agresor. Es decir, el cuerpo de Daphne fue violentado, pero se necesitaron pruebas, de acuerdo con el juez, para comprobar que él la tocó para obtener placer sexual. Una vez más se le exigió a la víctima probar que fue agredida, pese a la evidencia, y se protegió al victimario. A ella se le cuestionó, como si ella fuese la que cometió el crimen, por lo que contestó valientemente con una carta: *"Sí he tomado, sí he salido de fiesta, sí he usado faldas cortas [...] ¿por eso me van a juzgar?, ¿por eso me lo merecía?, ¿por eso pasó lo que pasó?, ¿por andar de noche con mis amigas?"* Al igual que en el caso de la Manada en España, en México hay un engranaje de complicidades que protege a violadores.

Ejemplos de sistemas de justicia machistas no solamente provienen de países latinos. En California, con un sistema jurídico de tradición anglosajona (*common law*), las cosas no son diferentes. Brock Turner violó a una mujer que se encontraba inconsciente en el campus de la Universidad de Stanford. Hubo dos testigos que atraparon a Turner. Fue arrestado y liberado el mismo día tras pagar una fianza de 150 000 dólares. Al concluir su juicio, en 2016 en el condado de Santa Clara se le sentenció sólo a seis meses de cárcel y tres años de libertad condicional, cuando la fiscalía pedía 14 años de prisión. Finalmente, sólo cumplió tres meses en la cárcel. Este caso además cruza con temas de clase y racialidad: al ser Turner un joven económicamente privilegiado y blanco, recibió una sentencia menor que otros casos, como el de Corey Batey de origen afroamericano, estudiante universitario que fue sentenciado por un mínimo de 15 años en 2013. Al igual que Turner, violó a una estudiante inconsciente. El contraste entre estas sentencias fue sumamente sonado en la prensa y en las redes sociales al darse a conocer la sentencia de Brock Turner.

Estos tres casos en tres países y sistemas legales distintos son muestra de cómo la procuración de justicia, lejos de defendernos de los prejuicios machistas, está impregnada de ellos.

Las acciones cotidianas, consideradas "micro", sostienen un sistema racista, clasista y misógino y sus repercusiones escalan a niveles tan relevantes como las instituciones de justicia.

Ser mujer implica muchos riesgos y desventajas. A nivel global, una de cada tres mujeres ha sufrido violencia física o sexual a lo largo de su vida, y en algunos países esta proporción aumenta a siete de cada 10.[5] En México, según la Encuesta Nacional sobre la Dinámica de las Relaciones en los Hogares (Endireh) de 2016, de los 46.5 millones de mujeres que son mayores de 15 años, 66.1% ha padecido al menos un incidente de violencia emocional, económica, física, sexual o de discriminación ya sea en el espacio privado o en el público, 43.9% ha sido agredida por su pareja en algún momento y 41.3% ha vivido violencia sexual.[6] Además, la cifra aumenta si se vive con alguna discapacidad: las mujeres con discapacidades corren mayor riesgo de violencia sexual y son más propensas a sufrir violencia en el espacio doméstico, abuso emocional y abuso sexual que las mujeres sin discapacidades. Además enfrentan la invisibilidad de la problemática, incluso dentro de los mismos colectivos de mujeres y a nivel institucional (por ejemplo en México, a diferencia de otros países, no hay datos oficiales sobre violencia de género y discapacidad). Estas violencias operan también como con el resto de quienes sufren abusos: en el espacio de lo cotidiano, por parte de alguien cercano, como compañeros o familiares.[7]

En este contexto, los machismos cotidianos propician un ambiente hostil que permite que sucedan violencias mayores.

Presentamos aquí un compendio de situaciones y expe-

---

5 "Estimaciones mundiales y regionales de la violencia contra la mujer: prevalencia y efectos de la violencia conyugal y de la violencia sexual no conyugal en la salud", Organización Mundial de la Salud, Departamento de Salud Reproductiva e Investigación, Escuela de Higiene y Medicina Tropical de Londres, Consejo Sudafricano de Investigaciones Médicas (2013).

6 Encuesta Nacional sobre la Dinámica de las Relaciones en los Hogares (Endireh) 2016, INEGI, 2017.

7 Con información de "Violencia contra la mujer con discapacidades", Departamento de Salud y Servicios Sociales de los Estados Unidos, Oficina para la Salud de la Mujer, y "Cinco cosas que no sabías sobre la discapacidad y la violencia sexual", Fondo de Población de las Naciones Unidas, 30 de octubre de 2018.

riencias que nos suceden a nosotras, a nuestras amigas, familiares, compañeras de trabajo, a las mujeres con las que hablamos cuando vamos en el metro, en la sala de espera del banco o en la fila del baño de un bar, a las personas con las que platicamos en el salón de clases o cuando vamos a algún evento social, a las que leemos, a las que escuchamos en la radio, aquellas que vemos en películas y en las redes sociales.

Nuestras historias son las situaciones incómodas, desagradables, frustrantes, agresivas, que se repiten una y otra vez, a las que procuramos restarles importancia porque hemos terminado por acostumbrarnos o resignarnos. Al compartirlas con otras mujeres, caemos en cuenta de lo normalizadas que están este tipo de conductas en nuestra sociedad, de lo difícil que es a veces, para nosotras mismas, sacarnos de la cabeza prejuicios y reacciones aprendidas en torno a la forma en que nos enseñan a pensar nuestro cuerpo y reconocernos como personas, a quiénes admiramos y cómo nos gustaría ser; a los roles que debemos ocupar en nuestra familia, en la escuela, en la calle o en el trabajo, las expectativas que debemos cumplir y lo que esperamos de las demás personas.

En ese sentido, las experiencias y ejemplos que aquí presentamos son una pequeña muestra de las situaciones que suceden de manera muy frecuente en el entorno urbano en que vivimos, en la Ciudad de México, y que pueden haber sido vividas en forma similar por quienes leen, por supuesto, con sus particularidades y matices.

Las autoras de este libro somos dos personas distintas que nacimos y crecimos en contextos y en familias muy diferentes, pertenecemos a diferentes generaciones y tenemos maneras distintas de pensar. Escribir este libro ha sido para nosotras un proceso de aprendizaje, discusión y diálogo, de encuentros y desencuentros. En sus páginas se hallan nuestras voces y miradas, es un trabajo hecho con cariño tras reflexionar desde nuestros referentes y conocimientos teóricos y, sobre todo, empíricos. Si bien nuestras experiencias pueden hacer eco con las de muchas mujeres, no son "universales", están enmarcadas en los contextos específicos que habitamos y desde los cuales hablamos. Cada una enfrenta distintos machismos en su vida cotidiana, que toman formas distintas cuando se cruzan con otras variables como el racismo, la homofobia, la xenofobia, entre otras. No es lo mismo escribir en un espacio urbano en México que en uno rural en Colombia. No es igual trabajar y enfrentar acosos por parte de un jefe en una fábrica maquiladora de Ciudad Juárez que en la oficina de un corporativo en Madrid, pero de alguna forma todas tenemos algo en común: enfrentar violencias motivadas por nuestro sexo, género, expresión de género u orientación sexual.

Somos conscientes de que lo que aquí describimos cada quien lo vive de manera distinta; esperamos que este libro pueda nutrir o acompañar más conversaciones.

A veces nos olvidamos de estas diferencias y no nos detenemos a observar nuestros privilegios, que pueden hacer que muchos de estos episodios sean invisibles por completo. Pensamos entonces: "Si no me pasa a mí, no existen"; hay quienes creen que son "problemas que inventan las feministas", que quienes los denuncian exageran ("no aguantan nada" o "no tienen sentido del humor"), mienten ("sólo quieren llamar la atención") o que de alguna manera ellas mismas se lo buscaron. Hace falta revisar en dónde estamos situadas, ya que cada quien lo vive y lo enfrenta de manera muy distinta de acuerdo con las vivencias, miedos o herramientas que tiene. Los machismos cotidianos nos afectan a todas las personas y ocurren en distintas formas y niveles. Al ser acciones discriminatorias que buscan perpetuar las estructuras de poder, en particular la relación jerárquica entre hombres y mujeres, rechazan formas de ser y relacionarse que no corresponden con el modelo "aceptado", es decir, personas que no viven de acuerdo con las expectativas de género, afectando a mujeres, personas LGBT+, y también a los hombres que intentan vivir de acuerdo con la norma y se enfrentan a las grandes dificultades que implica alcanzarla: si queremos que exista un cambio debemos hacer conciencia de manera conjunta y los varones deben de reconocer y hacerse cargo de las violencias que ejercen.

Durante el proceso de escritura tuvimos la fortuna de contar con el acompañamiento de mujeres a quienes admiramos, con quienes discutimos, reflexionamos, mantuvimos largas conversaciones en las que salían a relucir emociones y experiencias compartidas. Les estamos profundamente agradecidas.

Esperamos que estas páginas sean acompañamiento para quien las lee.

NO SON
MICRO,
PORQUE
SOSTIENEN
UN PROBLEMA
ENORME.

1

AZUL Y ROSA

TODO COMIENZA ANTES DE NACER con un "es una niña" o "es un niño" en la sala del ultrasonido.

A partir de ese momento las personas alrededor del bebé se dan a la tarea de pensar nombres e imaginar cómo será y qué hará de su vida. Se toman decisiones aparentemente simples, se compra ropa y juguetes, se colocan decoraciones. Algunos compran los primeros aretes y otros compran los puros que habrán de regalar el día del nacimiento. Estas acciones y proyecciones dependen de si el ser que está por nacer tiene un pene o una vulva y a partir de esa distinción se forjan patrones.

Nacemos y desde que nuestra vida comienza se nos señalan caminos diferenciados: a través de los colores, los juegos, las lecturas, los dibujos animados, la forma en que ocupamos el espacio, la ropa y el tratamiento del cuerpo que se nos asigna se van moldeando nuestras identificaciones, intereses, aspiraciones y deseos, aunque no estemos muy conscientes de la diferencia.

A los niños se les rodea de colores brillantes y vigorosos, se le insta a correr y a ser atrevidos, a que jueguen con pistolas y sean deportistas y se les prohíbe jugar con muñecas. A las niñas, en cambio, se les proponen dinámicas de juego más tranquilas, se les aleja de la "violencia" y la acción y se promueve que jueguen a "la comidita", a cuidar de sus muñecas o a la princesita.

De este modo lúdico y "sutil" es que comenzamos a interiorizar los mandatos sociales que "nos dicen" a qué categoría pertenecemos y, por lo tanto, qué debemos pensar o hacer para satisfacer las expectativas que nuestra sociedad atribuye a cada individuo.

Los juegos destinados para niños y niñas se han transformado a través del tiempo, de acuerdo con las expectativas sociales de cada época: por ejemplo, la asociación del color rosa para niñas y el azul para niños es relativamente reciente, de hecho, solía pensarse lo contrario: a principios del siglo XX las madres europeas vestían a sus varoncitos de rosa, por considerarlo un color decidido e intenso, y a las pequeñas del delicado color azul, más apropiado para ellas según la moda de la época.[8] Es decir, las convenciones sociales cambian todo el tiempo, sin embargo, los estereotipos han asociado a los niños con juegos bélicos como hombres de acción, con destreza, amantes de los deportes y del uso de la fuerza y a las niñas con labores domésticas, los cuidados, la belleza, la creación de manualidades. Desde la infancia se limitan nuestras posibilidades y nos preparan para satisfacer las necesidades de la sociedad actual.

Ejemplo: Hoy en día incluso se han puesto de moda las *gender reveal*[9] *parties*, reuniones donde se "revela" el "género" del bebé al mostrar a los invitados globos, ya sean de color azul (niño) o de color rosa (niña).

---

8 Marjorie Garber, *Vested Interests: Cross-Dressing and Cultural Anxiety*, Harmondsworth, Penguin Books, 1992, p. 1.

9 Realmente lo que "revelan" en estas fiestas es el sexo y no el género, porque se basa en las características corporales del no nacido. Para aclarar dudas véanse en el glosario los apartados de Sexo y de Género.

JUGUETES SI NACES CON VULVA

JUGUETES SI NACES CON PENE

2

HOMBRES DE VERDAD

DESDE LA INFANCIA, LOS HOMBRES deben demostrar (una y otra vez, y a través de una serie de rituales, actitudes y conductas) que son lo suficientemente "hombres". ¿Qué significa eso? ¿Cómo se sabe quién es un hombre de verdad y quién no?

En cada época y en cada lugar la idea de "hombría" significa algo diferente: por ejemplo, en Francia, en la época de Luis XIV, "los hombres de verdad" usaban pelucas de cabellos largos y rizados, medias y tacones. Eso sí: debían ser valientes como ahora. Aunque el *look* ha cambiado, hay algunos roles y valores que persisten: ser fuertes, reprimir sus sentimientos, ser aventureros, agresivos, decididos, poderosos, tener una cartera muy gorda, unos músculos prominentes, un deseo sexual (heterosexual) inagotable, un automóvil grande y un pene aún más grande.[10] Pero también deben rechazar y negar todas aquellas asociaciones que pongan en duda su "hombría", dar media vuelta y alejarse tan rápido como puedan. Deben demostrar tres cosas básicas: *1)* que no es un niño; *2)* que no es homosexual; y, principalmente, *3)* que no es mujer.

Se aprende a ser hombre a través de exclusiones: evitar todo lo "femenino", a los hombres les toca ser bélicos, agresivos, poco sensibles de las necesidades afectivas de quienes les rodean (eso que llaman masculinidades tóxicas); al contrario de las mujeres, a quienes les corresponde ser bellas, amorosas, tiernas y empáticas. No conviene que pasen mucho tiempo con mujeres, se corre el riesgo de que adopten algunas de sus conductas. De hecho, para burlarse de un hombre se le otorgan atributos o

---

10 Con frecuencia se asocian las características consideradas masculinas con los genitales, como si emanaran de estos. Podemos verlo en el lenguaje: las expresiones "no tener huevos" o "le faltan cojones" se refieren a la falta de valor y determinación, como si estuviera ligada directamente con la parte del cuerpo.

comportamientos femeninos, tal es el caso de caricaturas donde visten a un hombre de mujer para ridiculizarlo o el uso de frases como "corres como niña" en un entrenamiento deportivo.

Cuando se le exige a alguien que "sea un hombre" o que se "comporte como un hombre", puede implicar muchas cosas distintas, como la fuerza, la responsabilidad, entereza, audacia, de acuerdo con el contexto, pero siempre se trata de una demostración de poder, de su capacidad de imponerse. Cumplir con estas expectativas demanda un esfuerzo constante y agotador.

Ejemplo: Esto es muy claro en los anuncios publicitarios de productos destinados a los hombres. Sobre todo en artículos como coches, desodorantes y cervezas, que explotan una y otra vez estos estereotipos: un hombre que no usa suéter aunque haga frío, no escucha canciones románticas, no hace actividades físicas supuestamente "femeninas" (como yoga o ballet) sino deportes como box. Un hombre rodeado de mujeres, que "conquista a todas" con esa forma de ser "tan masculina".

3

COMPORTARSE COMO UNA SEÑORITA

EN CONTRAPOSICIÓN con el ideal masculino, se suele exigir a una mujer que tenga una actitud "adecuada", lo que implica una serie de conductas y cuidados que nunca se le pedirían a un hombre. Hay ademanes que se consideran "naturales para las mujeres" y otros "naturales para los hombres", cuando realmente son una construcción social y no hay *una* única *forma* de ser mujer o de ser hombre; no se puede exigir a alguien que mantenga una actitud solamente por su género.

Mientras a los hombres se les exige agresividad y determinación, se espera que las mujeres sonrían, sean agradables y amables.

Se considera que las mujeres no deben incomodar, sino todo lo contrario, deben ser delicadas, recatadas y cuidadosas con las emociones de los otros. Estos rasgos pueden verse reflejados en sus movimientos y posturas corporales: una mujer debe sentarse apropiadamente, con las piernas cerradas, o debe quedarse callada cuando los hombres discuten, ya que la determinación y la agresividad que se ven tan bien en un hombre no son bien vistas si vienen de una mujer.

Ejemplo: La frase "calladita te ves más bonita" es una gran muestra de ello: por un lado, pretende callar a las mujeres, al tiempo que promueve la idea de que lo único importante es lucir "bonita", por eso la frase no es "calladita te ves más inteligente" o "calladito te ves más bonito".

4

LAS MUJERES NO DICEN GROSERÍAS

LA OTRA TARDE ESCUCHÉ en la radio a una locutora que declaraba tajante: "Nos guste o no, si un hombre se ve mal diciendo groserías cuando no vienen al caso, una mujer se ve mucho peor". Las groserías, palabras altisonantes, leperadas o como quieran llamarlas, son palabras que, en el imaginario social, por un lado, habitan los terrenos de la descortesía y la falta de respeto y, por otro, el de la vulgaridad y la ignorancia: ambos muy lejanos al ideal de la feminidad burguesa, de "la señorita delicada y pura de buena familia". Aunque hay un fuer-

te estigma de clase en el uso de estas palabras, a los hombres se les permite mayor movilidad: saber utilizar el vocabulario del insulto, de la agresividad, de la obscenidad, del desprecio, de la falta de respeto, posibilita pasar de una esfera a otra. Las groserías son también una válvula de escape de tensión, las utilizamos para descargar nuestro enojo, nuestra impotencia, nuestro dolor: el lenguaje de la rabia. La cuestión es que a las mujeres se nos educa para no ser rabiosas, debemos guardarnos esas emociones y cambiarlas por una sonrisa o por un discreto llanto que no ofenda, que no moleste. Es común que cuando alguien dice una "mala palabra" en público se disculpe con las mujeres presentes, como si ellas, más que los hombres, fueran susceptibles a la ofensa, como si lo que se dice nos fuera ajeno. Las mujeres pueden ser las ofendidas pero no las que ofenden. Esto se refleja en el contenido de las expresiones que consideramos más ofensivas, las cuales generalmente aluden a las mujeres, en particular a la madre de quien es objeto de insulto, que aparece como sujeto pasivo. Ya va siendo hora de que demos un giro a la forma de insultar, ¿no les parece?

5

CÓDIGOS DE VESTIMENTA DIFERENCIADOS

AÚN HOY, CUANDO SENTIMOS que vivimos en la era de lo unisex y que todo se vale en el campo de la moda, la ropa es muy importante para mostrar nuestro género, dejarlo bien clarito, no vaya a ser que se confundan. En el imaginario occidental existen dos prendas que funcionan como arquetipos de lo masculino y lo femenino, al grado de que sabemos a qué baño nos corresponde entrar al reconocerlas: no se trata de la pipa y el abanico, sino del pantalón y la falda. Mientras que el pantalón, esta prenda bifurcada y cerrada, simboliza el poder viril, expresado en frases como: "Aquí yo soy quien lleva los pantalones" o "Le faltan pantalones", la falda es la prenda asociada con lo femenino por excelencia. ¡Claro, por siglos se les prohibía a las mujeres usar otra cosa! Históricamente se relacionaba con el pudor: poseía la importante función moral de cubrir y ocultar las piernas y formas corporales de sus usuarias, al mismo tiempo que, por su estructura abierta, ha sido asociada con una posición de accesibilidad sexual.

Estos significados se han ido transformando; las mujeres conquistaron el uso de los pantalones tras una lucha que implicaba mucho más que la posibilidad de moverse ágilmente: era una revolución de los roles tradicionales de las identidades de género. Si en un principio, los pantalones eran percibidos como "demasiado reveladores" ya que dejaban ver la anatomía femenina, hoy podemos usarlos en cualquier ocasión y son considerados, en general, una prenda cómoda y que nos hace sentir seguras. Por otra parte, el usar falda en algunos contextos urbanos, como en la Ciudad de México, se ha convertido casi en un acto de valentía, ya que ahora es convenientemente leída como una "provocación" para quienes justifican agresiones, una prenda que "muestra demasiado" y que al usarla podríamos enviar mensajes subliminales.

Es interesante notar que, si bien las mujeres hemos conseguido una flexibilidad en el vestir que ha facilitado nuestra vida cotidiana, no ha ocurrido lo mismo con los hombres, a quienes está vedado el uso de la falda por prejuicios y estereotipos machistas.

Ejemplo: Las escuelas públicas primarias de la Ciudad de México han tenido por generaciones la normativa de usar uniformes con falda para las niñas y pantalón para los niños. Fue hasta junio de 2019 que la jefa de Gobierno de la Ciudad de México, Claudia Sheinbaum, anunció que el uniforme reglamentario sería neutro para permitir que los infantes asistan como quieran a la escuela, ya sea con falda o pantalón. Esta modificación, además de permitir a los pequeños decidir sobre su expresión de género, es muy práctica, ya que la falda puede convertirse en una limitante para moverse: ¿cómo va a poder jugar a sus anchas una niña que usa falda, si al mismo tiempo le enseñamos que no debe enseñar los calzones? ¿Cómo lo hará cuando sienta frío o experimente su primera menstruación y con ello cólicos o manchados? La noticia fue bien recibida pero también fue polémica y motivó múltiples quejas por parte de grupos de padres o usuarios de redes sociales. Los argumentos en contra eran francamente absurdos, como que "en nombre de la igualdad" dañan y adoctrinan a infantes o "van a hacer a los niños homosexuales y a las niñas machorras".

6

EL TABÚ DE LA INTERSEXUALIDAD

LOS CUERPOS NO SON siempre clasificables como femeninos o masculinos. Como explica la sexóloga Anne Fausto-Sterling,[11] el sexo es un continuo que rebasa las categorías de hombre y mujer, es decir, el cuerpo tiene muchas dimensiones y nuestro sexo se define a partir de muchos aspectos: los órganos genitales, las gónadas, los cromosomas, las hormonas. De acuerdo con los estudios presentados por esta autora, alrededor de una de cada 100 personas presenta alguna diferencia en el desarrollo sexual y una de cada 2 000 tiene órganos genitales distintos que hacen complicado decidir si es un niño o una niña. En realidad existe una gran variabilidad en los cuerpos. Las per-

---

11 Anne Fausto-Sterling. *Cuerpos Sexuados*, Barcelona, Melusina, 2006.

sonas intersexuales, que nacen con órganos genitales difíciles de clasificar en las categorías binarias macho/hembra, suelen ser consideradas sexualmente ambiguas, y por esta razón la medicina ha considerado que estos cuerpos deben ser modificados, intervenidos y mutilados para hacerlos entrar en la norma social. Estos casos suelen silenciarse, se estigmatizan. La idea de que un cuerpo pueda ser ambiguo responde a la imposibilidad de ver más allá de nuestras construcciones culturales: los cuerpos simplemente son. Las normas culturales son las que causan que estos cuerpos nos parezcan imposibles, impensables, fenómenos. Las clasificaciones son invenciones nuestras, que nos limitan y no nos dejan ver nuestra propia diversidad.

7

IMPOSIBILIDAD DE EXPRESAR EMOCIONES

UNA DE LAS PRINCIPALES características con las que se ha definido la masculinidad en nuestra cultura es el valor y la fortaleza: los hombres deben ser fuertes tanto físicamente como de carácter. No pueden permitirse mostrarse como personas vulnerables y con emociones o como personas que cometen errores. De ahí la palabra *hombría* (de hecho, la Real Academia de la Lengua define *hombría*, en su segunda acepción, como: "Cualidad buena y destacada de hombre, especialmente la entereza o el valor"). Por eso son comunes frases como: "Los hombres no lloran", o excusas como: "No necesito ir a terapia psicológica para arreglar mis problemas", también, el excusar a los hombres con un "así son", para justificar o evadir el hacerse responsables de sus emociones y de cuidar a las personas que los rodean. Este tipo de posturas las aprendemos desde la in-

fancia con consecuencias nefastas, que pueden observarse en muchos ámbitos: por ejemplo, en cuestiones de atención y cuidado de la salud. Muchos hombres pasan por alto los síntomas de enfermedades, los minimizan y se niegan a ir al médico para no mostrar debilidad, exponiéndose a mayores posibilidades de riesgo, a que se agrave su enfermedad o a sufrir un accidente.

8

MUJERES PROVOCADORAS

ES CONTRASTANTE LA ATENCIÓN que ponemos las mujeres en el cuerpo, la conciencia que debemos tener sobre todas las interpretaciones que nuestros gestos, ropa, accesorios y lenguaje pueden suscitar miedos, mitos, prejuicios, rechazo social, mientras que los hombres no piensan en eso.

Resulta paradójica la forma en que el cuerpo de las mujeres es sexualizado desde que son muy pequeñas: las revistas, las películas, la televisión, las bombardean con la idea de que son objetos sexuales, buscan convencerlas de que están aquí para ser fantasía, ser perseguidas, ser deseadas, pero en el momento en que son consideradas "demasiado sensuales" deben ser cubiertas y censuradas, deben ser juzgadas, destrozadas por no haber comprendido en dónde se dibuja el límite, si es que en realidad existe esa línea.

Las mujeres, sólo por el hecho de ser mujeres, son una provocación. No hace falta más que tener un cuerpo. Limitar la forma de vestir de las mujeres en las escuelas o en las oficinas tiene que ver con esta idea, según la cual, son convertidas en distractores para los hombres. Esto además se relaciona con la falsa creencia de que los hombres tienen un deseo sexual incontrolable y que las mujeres deben de ser cautelosas para no "provocarlos".

Ejemplo: Cuando las mujeres comenzaron a acceder de manera masiva a la educación superior, el control sobre su vestimenta era un asunto de mucha importancia para las instituciones educativas. Había que cuidar que las muchachas no se convirtieran en una distracción para sus compañeros varones porque, claro, se asumía que la culpa sería de esos "cuerpos provocadores" y no de los muchachos que no ponían atención: ¿qué podían hacer ellos frente a la provocación?

9

LOS HOMBRES NO PUEDEN CONTENER SU INSTINTO SEXUAL

EN MUCHOS CONTEXTOS la idea de virilidad resulta conflictiva, entre estos está el asociar la masculinidad con tener una sed sexual inconmensurable que, a diferencia de las mujeres, no se puede contener.

El apetito sexual exacerbado no es algo propio de los hombres ni es algo que viene "en su naturaleza". Afirmar que es así, además de prolongar un mito, funciona en muchos casos para justificar, entre otras cosas, las violaciones sexuales: como si el hombre fuera incapaz de poner un alto a sus actos porque "está en su naturaleza" ser un predador... nada más falso.

Por otro lado, también sirve para justificar que un hombre rompa acuerdos que pueda tener con su pareja como la exclusividad sexual, bajo la falsa idea de que "no pudo controlarse" porque su virilidad lo obliga a penetrar a otras mujeres. Este tipo de nociones hace que prevalezca la idea del hombre "dominante" que siempre tiene deseo y que no puede pensar en las mujeres de otra forma que no sea sexual y, junto con ello, que el deseo de ella no importe, porque "por naturaleza" el deseo de él es el dominante.

Ejemplo: Construir esta imagen (tan alimentada por la industria de la pornografía) sobre cómo "debe ser" un hombre genera mucha presión en el ámbito de lo sexual. Tener relaciones sexuales no sólo implica una respuesta corporal, también hay una enorme carga emocional involucrada y un hombre no puede disfrutar ni concentrarse en su placer (ni mucho menos en el de su pareja) si se encuentra constantemente preocupado por no ser "lo suficientemente" bueno, por no tener un pene de un "buen tamaño", por si tarda poco o mucho en eyacular, entre otras inseguridades que se traducen en "no ser hombre" de "verdad".

Existe un concepto llamado *ansiedad por desempeño sexual* (en inglés *sexual performance anxiety*) para describir esta situación que afecta a muchos hombres y, por consiguiente, a sus parejas al no existir buena comunicación para que él pueda expresar sus inseguridades (algo que se incrementa cuando se considera que los hombres deben ser "fuertes" y no mostrar lo que sienten, por lo tanto no saben reconocer emociones) en una cultura sexual que es hostil y en donde se exige a los varones tener grandes erecciones, un pene enorme, durar mucho tiempo, ser dominantes y someter a las mujeres.[12]

_____

[12] Las autoras agradecen las observaciones del psicólogo especializado en sexualidad César Galicia.

10

COSIFICACIÓN DE LAS MUJERES

SIGNIFICA TRATAR O PENSAR en alguien como si fuera una cosa y no una persona con una identidad, ideas, sentimientos, voluntad y necesidades propias. Las imágenes de mujeres cosificadas abundan, están por todas partes: las modelos de revistas, las conductoras de televisión, las figuras femeninas en los videojuegos y en las películas aparecen hipersexualizadas, como mercancías, dispuestas para ser contempladas, deseadas y consumidas. Qué decir de la publicidad, uno de los espacios que de manera más evidente hace uso de esta violencia simbólica como estrategia de venta. No importa si se trata de un anuncio de llantas, de botanas o de seguros de gastos médicos, la fórmula es acompañarlo de unas piernas largas y estilizadas, de unos pechos voluptuosos o de otro fragmento corporal que pueda resultar atractivo para que se disparen las ventas. En estas representaciones los cuerpos femeninos son despojados de cualquier rasgo de individualidad, y da la impresión de que estamos frente a un anaquel del supermercado, en donde se forman los productos disponibles al alcance de quien se interese. La cosificación de las mujeres no se queda en las revistas y las redes sociales: tratar a las mujeres como si fueran objetos intercambiables o hechos en serie ("todas son iguales"), como una cosa que se usa y se desecha y no como seres humanos dignos de respeto genera conductas violentas y discriminatorias que dejamos pasar por ser vistas como normales.

Ejemplo: "Se busca señorita joven, con buena presentación". La exigencia por tener un buen aspecto e ir bien arreglada no es una cuestión que se quedó en las oficinas de los sesenta que se recrean en la serie televisiva *Mad Men,* ni tampoco que opere en el ámbito de la insinuación y de lo subrepticio. Existe una serie de ocupaciones, generalmente destinadas a mujeres, como recepcionistas, sobrecargos, edecanes, secretarias, porque se parte de la idea de que ellas son "lo primero que ve el cliente" y por ello deben ofrecer cierto atractivo físico, es decir, funcionar como una especie de ornamento con piernas y una gran sonrisa, lista para alegrar la vista de quien la mira (la naturalización de que las mujeres son "afables" y "buenas asistentes" provocó que para hacer una transición más "natural" a la interacción con los dispositivos se haya llegado a la convención de que el trato con una voz femenina es lo adecuado, a tal extremo que en los teléfonos celulares el servicio de "asistentes virtuales" están preconfigurados con una voz femenina y joven: una "mujer" llamada Bixby en los teléfonos Samsung, Siri en iPhone, Cortana en Microsoft, y en Amazon la voz de Alexa).[13] Un ejemplo de ello son las ofertas de trabajo dirigidas a las mujeres que quisieran trabajar como edecanes en una convención de una marca transnacional en Barcelona a principios de 2019. Los requisitos solicitados eran hablar cuatro idiomas, usar talla 36 o 38, llevar falda corta y medias delgadas, maquillaje obligatorio y cinco centímetros de tacón. Con el plus de que a aquellas que midieran menos de la estatura deseable de 1.75 metros se les pagaría un euro menos por hora. Es decir, esta exigencia llega a tal punto que determina los ingresos y el acceso al trabajo de las mujeres.

---

13 Las autoras agradecen a la especialista en tecnología y género Alex Argüelles por su asesoría para este apartado.

BELLA POR OBLIGACIÓN

LA ESCRITORA ESTADOUNIDENSE Susan Sontag dijo una vez: "No está mal ser bella, el problema es la obligación de serlo".[14] Las mujeres occidentales con el tiempo han obtenido derechos legales y reproductivos, han podido acceder a mayores niveles escolares y profesiones, sin embargo, no se sienten libres por asuntos aparentemente frívolos, tan triviales como la apariencia física, el cuerpo, el rostro, el pelo y la ropa.[15] Parecen temas banales, pero tienen gran importancia socialmente. Desde pequeñas se les inculca a las niñas que ser bonitas es la clave para ser aceptadas. Conforme crecen se enfrentan a un bombardeo de representaciones de mujeres como objetos sexuales, deseadas y valoradas, principalmente por su físico. Este imperativo se exige a los cuerpos de las mujeres, pero no al de los hombres. Mientras que ellos al arreglarse para salir probablemente se pasan el cepillo o se ponen ropa limpia, para las mujeres "arreglarse" implica una serie de cuidados y prácticas: maquillaje, peinado, depilación, dieta, cuidados contra la celulitis, ropa de moda, lencería, tacones y un largo etcétera. Por más empeño que se ponga y dinero que se gaste el ideal de belleza es inalcanzable y atraviesa todos los ámbitos de nuestra vida social, no sólo impone un modelo corporal restrictivo en términos de complexión y silueta: hay que ser delgada, alta, con curvas, sino también joven, de rasgos finos, con cierto color de piel, de clase media para arriba...

Estas ideas están tan arraigadas que suelen orientar nuestra percepción de las cosas: el otro día escuchaba los comentarios de una mujer del público después de un espectáculo:

---

[14] Lo escribió en su ensayo "A Woman's Beauty: Put-Down or Power Source?", publicado por primera vez en la revista *Vogue* en 1975. (50 Essays: A Portable Collection, Nueva York, Bedford/St. Martin's, 2014).

[15] Naomi Wolf, *The Beauty Myth*, Nueva York, Harper Perennial, 2002.

"Fue fantástico: ellos atléticos, ellas preciosas". En realidad, ellas eran tan atléticas como ellos y ellos eran tan estilizados como ellas, sin embargo, la mujer había diferenciado los roles de acuerdo con su género. No importaban las horas de entrenamiento o la habilidad de las acróbatas, lo que la mujer destacaba era su belleza.

12

PENSAR QUE LAS MUJERES ESTAMOS A DIETA POR EL HECHO DE SER MUJERES

DEBIDO A LA ATENCIÓN concentrada en el cuerpo de las mujeres, existe el estereotipo de que TODAS las mujeres, sin importar nuestro peso o complexión, vivimos preocupadas por nuestra figura, obsesionadas con hacer dieta. En un mundo en donde el mercado nos repite hasta el cansancio que hay que ser flacas para ser felices, vendiéndonos todo tipo de productos para lograrlo, parece imposible pensar que no nos importa parecernos a ninguna de las modelos que aparecen en las revistas (quienes, por cierto, tampoco se parecen a sus propias fotografías después de filtros y retoques) y que simplemente nos sentimos cómodas con nuestro cuerpo.

Ejemplo: Algo muy recurrente es cuando en un restaurante se les sirve a las mujeres ensalada y a los hombres un plato fuerte con alto contenido de carbohidratos, incluso antes de preguntarles de quién es cada plato. De algún modo si la ensalada es para él, es motivo de vergüenza porque comer vegetales es al parecer algo "afeminado", y si el plato de pasta es para ella es motivo de sorpresa porque "come como hombre".

13

POR SIEMPRE JOVEN

HACE UNOS MESES las declaraciones de un escritor francés fueron polémicas porque afirmaba de manera contundente que no podía amar a mujeres de su edad, 50 años, ya que sus cuerpos no son "extraordinarios en absoluto" en comparación con los de las mujeres de 25.[16] Las respuestas no se hicieron esperar: llovieron las pruebas fotográficas y los ejemplos de mujeres famosas que siguen siendo hermosas a los 50. Efectivamente, es indiscutible que hay mujeres hermosas a los 50, a los 70 o a los 90... También es evidente que no todos los hombres son tan superficiales como para considerar que el amor depende de unos senos firmes y una cintura estrecha, sin embargo, este caso deja ver la discusión aquí: la exigencia social sobre los cuerpos femeninos por mantenerse siempre jóvenes. Envejecer en esta sociedad es difícil. Todo está dirigido a la juventud: las ciudades, las dinámicas de trabajo, las ofertas de entretenimiento; en los medios de comunicación, por ejemplo, ¿dónde están las personas mayores? ¿Qué lugares de encuentro existen para las que buscan pareja? Este es un rasgo de nuestra cultura que se ha exacerbado durante las últimas décadas y, aunque afecta a mujeres y a hombres, lo hace de manera distinta. Una profesora me comentaba el otro día: "Cuando tienes 60 años, como yo, te vuelves invisible". Esto es, una mujer es mirada en tanto objeto de deseo, para lo cual es necesario que sea joven y bonita. Cuando se pierden estas características, dejas de ser mirada. De acuerdo con ella, esto tenía sus ventajas. En su ámbito, hacía que los hombres tomaran en cuenta sus propuestas, sin condicionamientos sexuales u otras cargas. Sin embargo, esto no ocurre en todos los campos. Existen ocupaciones destina-

---

[16] "Las mujeres de 50 son 'demasiado viejas' para quererlas: las polémicas declaraciones de Yann Moix, el escritor francés 'incapaz' de amar a las mujeres de su misma edad", BBC News Mundo, 9 de enero de 2019. https://www.bbc.com/mundo/noticias-46793786.

das exclusivamente a mujeres jóvenes, en las que se les cosifica y considera como adornos que tienen un límite de edad muy claro. Pintarse el cabello para cubrirse las canas, los tratamientos antiarrugas y hasta las operaciones estéticas se han convertido casi en una obligación.

Ejemplo: Las revistas masculinas tienen portadas de hombres mayores con pelo gris con retratos de actores entrados en los 50, en cambio las mujeres deben de ser siempre jóvenes: las conductoras de televisión suelen desaparecer de la pantalla cuando pasan de cierta edad o dejan de tener papeles protagónicos, mientras que los hombres pueden conservar sus empleos y sus roles. Asimismo, si una mujer se deja de teñir el pelo y se le ven las canas, es mal visto "porque se está dejando" o "se está descuidando"; en cambio, si un hombre decide pintarse el cabello se le acusa de ser afeminado y se cuestiona su orientación sexual.

14

BELLA Y VELLO

LAS MODAS DEL SIGLO XX, que mostraban más el cuerpo y una nueva preocupación por la higiene y la limpieza, hicieron de la depilación femenina una moda que ahora nos parece imposible eludir.[17] Las mujeres debemos someternos a una serie de procedimientos caros, engorrosos y dolorosos (y en algunos casos riesgosos para nuestra salud) para liberarnos del vello, ya que conservarlo es mal visto, se considera poco femenino y sucio, pero ¿por qué el vello de los hombres no nos parece sucio? En realidad el vello púbico nos protege de infecciones e irritaciones.

---

[17] Bronwyn Cosgrave, *Historia de la moda: Desde Egipto hasta nuestros días*, Barcelona, Gustavo Gili, 2005.

Por otro lado, la industria de la pornografía *mainstream* (que ha moldeado la educación sexual de muchas personas) ha puesto de moda el consumo de "ciertos cuerpos", entre ellos los de las mujeres sin vellos. Las mujeres jóvenes y adultas (que son quienes tienen relaciones sexuales) tienen vellos, las que no los tienen son las niñas (que aún no pasan por la pubertad). Es preocupante que la industria de la pornografía infantilice a las mujeres y erotice a las infantes; para ahondar en ese tema recomendamos el documental de Lisa Rogers llamado *The Perfect Vagina* (2008).

Ejemplo: Existen varias campañas en redes sociales para romper con el estigma del pelo corporal; bajo el *hashtag* #Body HairMovement distintas mujeres comparten fotografías de sus cuerpos y rostros con algo que tenemos en común: vellos.

15

CUERPO FEMENINO COMO TABÚ

TODOS LOS DÍAS VEMOS una infinidad de imágenes de mujeres hipersexualizadas en las que se muestran partes de su cuerpo: en espectaculares, envases de productos, revistas, televisión, internet, no hay ninguna restricción para este tipo de imágenes en donde las mujeres aparecen con actitud complaciente ofreciendo sonrientes sus cuerpos moldeados de acuerdo con los cánones de belleza dominantes. Pareciera que vivimos en una sociedad libre y abierta, en donde la desnudez no es un problema... claro, depende de con qué fin sea presentada. Cuando los cuerpos desnudos salen del molde, cuando son las mujeres quienes deciden mostrar su cuerpo, desde sus propios

criterios que se escapan de los establecidos por el mercado, por razones personales y no para darle gusto a nadie más que a ellas mismas, suelen ser censuradas.

Por otra parte, el cuerpo femenino desnudo puede verse desde todos los ángulos pero no debe hablarse de lo que pasa adentro. Nuestros procesos corporales permanecen invisibles, como si debiéramos avergonzarnos de ellos. Los procesos hormonales suelen ser motivo de burla, hablar de ellos resulta inapropiado, de mal gusto. Es curioso cómo, considerando que la publicidad de productos de higiene femenina son cada vez más explícitos, decir en voz alta que tienes la regla, que necesitas una toalla o que tienes un cólico menstrual es un tema que debe permanecer silenciado en muchos círculos. Históricamente, la sangre menstrual ha tenido una serie de connotaciones morales negativas. De acuerdo con la tradición cristiana, el flujo menstrual, símbolo de impureza, es el castigo que Dios les impone a las mujeres como resultado del pecado de Eva. También para los romanos era un asunto de cuidado, pensaban que el contacto con la sangre menstrual o con una mujer en los días de su menstruación podría provocar que se amargara el vino, que se marchitaran las cosechas, que los metales se enmohecieran, entre muchos otros desastres.

La idea de la menstruación como algo mágico y oculto, nocivo e impuro, ha persistido hasta la actualidad en algunas sociedades. En pleno siglo XXI podemos ver por televisión guerras y matanzas en vivo, imágenes de mujeres desnudas hipersexualizadas, pero ponemos el grito en el cielo cuando vemos una mancha de sangre menstrual en la ropa de una mujer.

Ejemplo: En 2015 fue muy sonado el caso de censura en Instagram de la serie fotográfica "Period" de la poeta y artista Rupi Kaur. Con este trabajo, ella buscaba mostrar con una escena cotidiana que a pesar de ser algo tan natural, sigue siendo tabú en nuestra sociedad, en su caso la canadiense. La reacción de la empresa no hizo más que reafirmarlo.

16

SEXO INNOMBRABLE

EXISTE UN PROFUNDO DESCONOCIMIENTO de la anatomía femenina: muchas mujeres se han perdido de la oportunidad de hacer una excursión y descubrir su vulva. Esto no es un descuido o una casualidad, tiene que ver con la forma en que nos han enseñado a relacionarnos con nuestro cuerpo, con la manera en que se representa (o que no se representa) en el cine, en las revistas o en el arte, la manera en que la nombramos.

Cuando nos referimos a los órganos sexuales masculinos, al estar expuestos todo queda más claro y reconocible; además, simbólicamente, el pene y los testículos son presentados como fuente de potencia, de poder, de vitalidad. Pero cuando hablamos de los órganos femeninos solemos referirnos únicamente a la vagina, que es el conducto que lleva al útero, e ignoramos lo que tenemos entre las piernas, lo que podemos ver, los órganos genitales externos, o sea, la vulva.

La palabra vagina tiene su origen en el latín *vagina*, que significa vaina, el estuche para guardar las espadas. El vocablo se adoptó en la medicina para retomar esa imagen: la vagina como el estuche en donde el hombre guarda su espada. De modo que la vagina fue bautizada pensándola como el agujero en donde el hombre introduce su pene, como un hoyo, nada más. Así, el sexo femenino ha sido definido en contraposición con el masculino como la carencia (de pene), como una ausencia, borrando la existencia de nuestros órganos sexuales y las posibilidades de la sexualidad femenina. La vulva comprende labios mayores, labios menores y clítoris, este último, un órgano muy especial, con la particularidad de tener más de 8 000 terminales nerviosas dedicadas exclusivamente al placer. Una parte del cuerpo en donde las mujeres experimentan su sexualidad independientemente de la presencia de un hombre.[18]

18 Sobre este tema recomendamos el fantástico libro de Mithu Sanyal, *Vulva. La revelación del sexo invisible*, Barcelona, Anagrama, 2012.

El lenguaje es el sistema con el que nos orientamos en el mundo y evaluamos las cosas, la forma en que usamos las palabras puede cambiar la forma en que pensamos.

17

LA MUJER ES LA ÚNICA QUE DEBE HACERSE CARGO DE LA ANTICONCEPCIÓN Y DE LA CONCEPCIÓN

A EXCEPCIÓN DEL PRESERVATIVO masculino o, en su caso, la vasectomía, los métodos anticonceptivos actúan y se colocan sobre el cuerpo de las mujeres (de hecho, en años recientes se ha cuestionado por qué la investigación científica se ha enfocado en manipular el cuerpo de las mujeres para no embarazarse y no se ha hecho lo mismo con el cuerpo de los hombres). Estos tienen efectos que en muchos casos pueden ser muy incómodos como mareo, jaqueca, aumento de peso, cambios de humor, sensibilidad en mamas o en el caso del dispositivo intrauterino (DIU) puede haber dolor tras colocarlo, calambres o dolores de espalda durante algunos días después de la colocación y periodos menstruales más intensos con mayor dolor.[19]

Para las parejas heterosexuales los anticonceptivos son importantes para ambos, ya que un embarazo sólo es posible como resultado de la unión de un espermatozoide y un óvulo, o sea que para embarazarse se necesitan dos. Sin embargo, las mujeres parecieran ser las únicas responsables de que estos funcionen y las únicas responsables si algo falla. Es común

[19] Las autoras agradecen los comentarios de la médica Alejandra Rangel Junquera para este apartado.

escuchar a detractores de la despenalización del aborto decir cosas como: "Si no quieren embarazarse no anden de calientes, no abran las piernas", como si el embarazo fuera sólo responsabilidad de las mujeres... pero al mismo tiempo les niegan la posibilidad de decidir sobre su propio cuerpo.

De manera inversa, durante siglos se ha responsabilizado a la mujer cuando no puede quedar la pareja embarazada con frases como: "Ella no pudo darle un hijo" o, peor aún, "no pudo darle un hijo hombre",[20] como si la infertilidad fuera una característica única de las mujeres o si de ellas dependiera el sexo del producto.

Por ejemplo, si ella usa píldoras o parches, ¿el varón le pregunta cómo se siente o qué necesidades tiene?, porque los efectos secundarios de estos pueden ser muy invasivos. ¿Se hace cargo de pagar una parte de estos? ¿Sabe cómo funcionan? ¿Está al pendiente de reponerlos si se acaba la caja de las pastillas o los parches? ¿Es consciente del calendario del ciclo menstrual?

Si él no está involucrado, le deja toda responsabilidad de la anticoncepción a ella, de la vida sexual de la que él también es parte, lo que alimenta la lógica de que si ella se embaraza sin desearlo "es su culpa", lo hizo "para amarrarlo" y es "su responsabilidad". Esto se suma al hecho de responsabilizarla a ella por "no hacer que él usara condón".

---

20 Uno de los casos más emblemáticos respecto a culpar a la mujer por "no ser capaz" de concebir un heredero hombre es el del rey Enrique VIII Tudor de Inglaterra (1491-1547). El rey solicitó al papa Clemente VII anular su matrimonio con Catalina de Aragón argumentando que ella no podía concebir varones; al no conseguir la autorización papal se divorció en 1533 mediante una ley parlamentaria y con ello comenzó un proceso de ruptura con la Iglesia romana, de modo que se crea la Iglesia anglicana. Tuvo seis esposas en total y mandó decapitar a dos de ellas: a Ana Bolena y a Catalina Howard.

USAR EL CICLO MENSTRUAL, COMO CUALQUIER OTRO PROCESO BIOLÓGICO, PARA BURLARSE O CRITICAR A UNA MUJER

EL CUERPO DE LAS MUJERES, como todos los cuerpos, vive procesos biológicos. Sin embargo, los procesos de las mujeres son continuamente utilizados para hacer comentarios agresivos. Por ejemplo, la compañera de trabajo que es acusada de ser "una menopáusica" cuando se molesta porque algo no funciona, en vez de preguntarse cuáles son las causas reales que ocasionan su coraje. Sin embargo, este tipo de frases ofensivas no se utiliza del mismo modo con los hombres, no hay quien diga: "Es que es un histérico andropáusico y se enoja si no le entregamos el reporte a tiempo".

19

HOMBRE COMO NORMA Y MEDIDA

¿CÓMO PODER ALCANZAR la igualdad de reconocimiento cuando la regla con la que se mide es "el hombre"? Sí, los criterios que han servido para establecer normas, regulaciones, estándares de evaluación, etcétera fueron pensados basándose en hombres y sus experiencias. Empecemos por el principio: en Occidente, uno de los mitos fundacionales más extendidos es el de Adán y Eva como padres de la humanidad. Él, hecho a imagen y semejanza de "Dios"; ella, extraída de la costilla del hombre. Un fragmento del entero, que es el hombre. La misoginia de la religión católica que atribuía a las mujeres una irracionalidad intrínseca y una afinidad "con las pasiones bestiales" llegó a poner en duda su humanidad. Claro, dirán, los discursos religiosos son los más tradicionales, pero los discursos científicos impregnados de estas ideas no se quedaron atrás. Colocaron a las mujeres como objeto de estudio, valoradas y comparadas con "lo normal", es decir, con las características del varón. En contraposición con ellos, los cuerpos femeninos eran considerados anómalos, que no alcanzaron a completar su desarrollo físico en el periodo de gestación y, por tanto, poseían capacidades inferiores. Sus funciones corporales se despreciaron, considerándose una prueba de su inferioridad. Para estructurar los espacios en las ciudades o las dinámicas laborales se tomó como modelo la experiencia de ciertos hombres (generalmente blancos, de clase media o alta, heterosexuales...). Cuando empezaron a incorporarse a puestos directivos en el mercado de trabajo, muchas mujeres adoptaron actitudes e incluso apariencia masculina. Más aún, cuando una mujer destaca, a manera de cumplido se suele decir de ella que "es tan buena que parecería que es hombre", siempre en función de ellos, como si no pudiera simplemente reconocerse su valía, sin más. Es agotador tener que medirnos y compararnos con un modelo en el que no podemos encajar.

Ejemplo: En el ámbito de la salud, el cuerpo masculino fue durante muchos años el patrón para medir los niveles normales de glóbulos rojos o de colesterol, o los síntomas y la incidencia de las enfermedades, porque en los ensayos clínicos habitualmente no participaban mujeres y ni las estadísticas ni las investigaciones médicas se diferenciaban por género. La doctora catalana Carme Valls-Llobet explica cómo la ciencia ha invisibilizado a las mujeres, dejándolas fuera de las investigaciones y minusvalorando sus dolencias, lo que ha afectado enormemente en el diagnóstico y detección de enfermedades femeninas, muchas veces diagnosticadas como padecimientos nerviosos ante la incomprensión o la falta de interés de los médicos. Por ejemplo, los infartos al corazón son más mortales en las mujeres que en los hombres, entre otras razones porque suelen diagnosticarse tarde. Puede ser confuso identificar cuando una mujer tiene un infarto, ya que los síntomas que perciben no se parecen a los asociados tradicionalmente al infarto en hombres: un dolor fuerte en el pecho que se extiende hacia el brazo. Aunado a esto, existía la creencia de que las hormonas femeninas las protegían de este tipo de afecciones, por lo que, cuando llegaban a emergencias, no se les practicaban las pruebas pertinentes.[21]

---

21 Mayte Rius. "La salud según el género", *La Vanguardia*, diciembre de 2013. https://www.lavanguardia.com/estilos-de-vida/20131220/54397328987/la-salud-segun-el-genero.html.

20

RECHAZO A LAS PERSONAS NO BINARIAS

NOS EDUCAN PARA que nuestro cuerpo (la forma en que nos vestimos, en que nos movemos, en que hablamos) funcione como un marcador de nuestros genitales: si tenemos vulva, debemos actuar como "mujeres", y si tenemos pene, como "hombres", sea cual sea el significado que en nuestra cultura esos apelativos tengan. Es casi como si debiéramos llevar una pancarta para avisarle a la sociedad cuáles son nuestras formas anatómicas frente al temor social de no ser capaces de distinguir e intentáramos escabullirnos de cumplir con el rol de género que nos ha sido asignado. Es por eso que el travestismo ha sido uno de los grandes tabúes de la cultura occidental, prohibido durante siglos, ya que cuestiona la existencia de una asociación directa entre nuestras formas biológicas (sexo) y la asignación de conductas y roles (género) que nos han hecho creer que es "natural". Esta creencia ha sido muy problemática porque no necesariamente se ajusta a la forma en que las personas se identifican. Hay quienes no se reconocen como mujeres ni como hombres, y se sitúan fuera de los patrones establecidos por la sociedad. Quienes miran a través de la lente del binarismo, capaces de reconocer solamente dos posibilidades de existencia, se inquietan cuando no pueden descifrar a todas las personas en esos términos, ya que son la prueba de que hay muchas más formas de identidad, de género, de sexualidad que las implicadas en el binomio femenino/masculino.

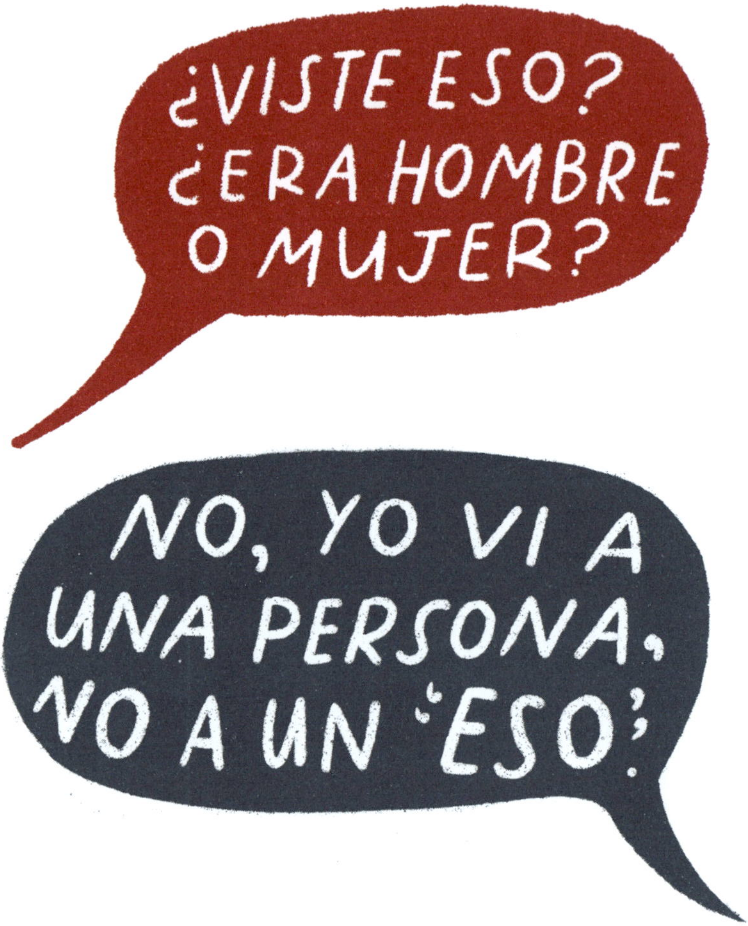
¿VISTE ESO? ¿ERA HOMBRE O MUJER?
NO, YO VI A UNA PERSONA, NO A UN "ESO".

21

HOMBRES QUE SABEN, MUJERES QUE SIENTEN

LAS DIFERENCIAS ENTRE lo femenino y lo masculino se han construido de manera binaria, como categorías opuestas y complementarias. Así, si se atribuye fuerza al hombre, la mujer ha de ser débil; si él es inteligente, racional, ella es sensible, emocional; si él es estable y mesurado, ella es inestable y desmesurada. Lo que salta en estas caracterizaciones es que, mientras los rasgos atribuidos a lo masculino suelen ser positivos, los que se asocian con lo femenino son pensados como defectos, más que cualidades. Esta jerarquía superior de lo masculino sobre lo femenino ha sido utilizada para justificar las desigualdades y las injusticias. ¿Y qué habría de malo en ser dulce, tierna y delicada? Nada en realidad, además del hecho de ser características que se nos imponen a través de los juegos, las telenovelas, las revistas, la familia, y prácticamente todo lo que nos rodea.

De manera que el hecho de mostrar expresiones supuestamente femeninas (como voz suave, movimientos delicados, actitud sensible) es considerado deseable si tienes vulva, sin embargo, para los varones es motivo de humillación: deben de evitar hacer cosas que puedan confundirse con lo femenino, que implicaría una renuncia a sus cualidades de "mayor estatus". Lo femenino se relaciona con lo pasivo, lo débil (como cuando se utilizan expresiones como "corres como niña" o "¡el último es vieja!"), lo puramente emocional y, por tanto, inestable, inconstante e incomprensible.

Por ejemplo, la intuición femenina, esta capacidad especial de percepción que se atribuye a las mujeres (y a grupos étnicos aborígenes o indígenas, considerados "primitivos" o "no civilizados" por el pensamiento occidental), una especie de sexto sentido, cualidad que, por supuesto, es menospreciada frente a la infalibilidad de la ciencia y la claridad de la razón. Así que, aunque se reconoce que las mujeres pueden saber cosas, esto sucede a través de un proceso mágico, casi fortuito e inexplicable, y no a través de un conocimiento sistemático.

Ejemplo: "A las mujeres hay que amarlas, no entenderlas".
En la serie de cuentos *Lord Arthur Savile's Crime and Other Stories* de 1891, Oscar Wilde escribió en el diálogo entre dos personajes la frase "las mujeres están hechas para ser amadas, no para ser entendidas".[22] Esa frase, fuera de contexto, se usa frecuentemente para hablar de las mujeres con un trato condescendiente: las mujeres son, según esto, seres tan raros que los hombres son incapaces de entender y con ello se lavan las manos de tratar de hacerlo (véase el apartado *Gaslighting*). Un ejemplo de cómo esta frase se repite hasta el cansancio ocurrió en pleno 2010, cuando el cantante guatemalteco Ricardo Arjona durante un concierto dijo cosas como: "A las mujeres no hay que entenderlas, a las mujeres hay que quererlas mucho" y "ni por más que queramos, jamás, jamás... podremos entender al ser más bello que existe en este planeta" porque "podrán pasar años, años y más años, y seguiremos sin entenderlas".

---

[22] "Women are meant to be loved, not to be understood."

22

MASCULINIDAD SUSCEPTIBLE Y MUJERES QUE EXAGERAN

CONSTANTEMENTE VEMOS representaciones de mujeres "inestables y emocionales" y de hombres "fríos y racionales", lo mismo en la publicidad que en las películas, las revistas de moda femenina y masculina, las series de televisión, etc., pero esto es absurdo y tiene implicaciones psicológicas muy fuertes, ya que las emociones son independientes de nuestro género o sexo biológico. Entre estas implicaciones está el hecho de que las mujeres seamos a quienes enseñan desde pequeñas (con actitudes aprendidas al imitar las relaciones que tienen papá y mamá) a cuidar las emociones de los hombres con extrema delicadeza.

Este excesivo cuidado lo mismo sucede en el mundo de la oficina en donde una mujer no le habla de forma directa a un hombre como lo hace con sus compañeras para que no se sienta "cuestionado", que en el del dormitorio en el que una mujer no habla de sus deseos para que no sientan que "no son buenos" en el sexo.[23]

Se espera que la mujer sea empática y haga trabajos de cuidado emocional no remunerado y se le culpa si no los lleva a cabo. Ellos, por su parte, sienten que tienen el derecho de ser consentidos, pero no cuidar de regreso, porque si una mujer requiere de cuidados emocionales se le tacha de hipersensible, de exagerada y de que lo suyo son "lloriqueos". El machismo que involucra la falta de disposición para el cuidado emocional de la pareja, de la madre, de las hermanas, propicia relaciones asimétricas en donde la autonomía y el bienestar del varón se realiza a costa de la mujer o mujeres a su alrededor. Realmente

---

23 Cuidamos, entre otras cosas, el ego de los hombres para que no se sientan "débiles". Véase en el glosario *Masculinidad frágil*.

son "macro" machismos (como hemos mencionado en la introducción, lo "micro" de los micromachismos tiene implicaciones muy grandes).

Por otra parte, cuando un hombre es sensible a las necesidades emocionales de las mujeres que lo rodean, se le critica y se le tacha con comentarios homofóbicos o misóginos: "eres un mandilón", "tu novia te tiene domado", "marica", etcétera.

También está el estereotipo de los hombres gay representados como sensibles, por tanto "afeminados", como si ser afeminado fuera algo malo. En el fondo de esa homofobia también hay un rechazo por "lo femenino": dicho rechazo es también misoginia.

23

MANXPLICAR

CUANDO UN HOMBRE SIENTE la necesidad de explicar algo a una mujer sin que ella se lo pida. El neologismo comenzó a utilizarse en inglés, *mansplaining* (inspirado en el ensayo de Rebecca Solnit "Los hombres me explican cosas", 2014), y también se le conoce como *machoexplicación* en español. En una sociedad que ha creído por siglos que el conocimiento lo tienen los hombres y que su voz es la única autorizada para comunicar información relevante, un machismo muy común sucede cuando los hombres explican gratuitamente cosas a las mujeres; por más expertas o conocedoras que puedan ser de un tema, ellos asumen erróneamente que su rol es decir cómo funcionan las cosas, siempre.

En ocasiones se acompaña de una postura de descalificación, como: "No sabes de lo que hablas, déjame explicarte", o "¿me entendiste?", lo que implica que quien escucha no tiene la capacidad de comprender lo que se le dice.

Uno de los principales problemas de este acto machista es que, desde pequeñas, las niñas aprenden a quedarse calladas y a esperar las explicaciones de los hombres. A su vez, los niños aprenden que es algo normal ser los poseedores del conocimiento o de la inteligencia. Esto empeora si, además, en casa se refuerza este estereotipo con una madre cuya voz es opacada por la del padre.

Como explica Solnit, se "nos entrena para limitarnos y dudar de nosotras mismas", mientras que se propicia "un injustificado exceso de seguridad en los hombres".[24]

Este fenómeno ha sido estudiado, entre otros, en un trabajo publicado por la revista *Science* en 2017 en el que tres investigadores describen cómo los estereotipos de género se adquieren de manera temprana y tienen un efecto inmediato en los intereses infantiles. La capacidad intelectual de alto nivel tiende a asociarse con los hombres y de este modo las niñas después de los seis años comienzan a evitar las actividades que se dice que son para los niños, quienes son los "realmente inteligentes". De este modo, la distribución de mujeres y hombres en las disciplinas académicas parece verse afectada por las percepciones de brillantez intelectual y las mujeres están subrepresentadas en campos como la física, las matemáticas y la filosofía. Las aspiraciones profesionales de las jóvenes están determinadas por los estereotipos sociales.[25]

Ejemplo: Cuando juego futbol femenil usualmente van las parejas (hombres y mujeres) de mis compañeras a las gradas, los hombres tienden a gritar y dar instrucciones al resto del equipo a diferencia de las acompañantes mujeres (que también saben del deporte). Siempre hay un hombre que da instrucciones no solicitadas.

24 Rebecca Solnit. "Los hombres me explican cosas", en *Habla*, México, Antílope, 2017, p. 24.

25 Lin Bian, Sarah-Jane Leslie y Andrei Cimpian. "Gender Stereotypes about Intellectual Ability Emerge Early and Influence Children's Interest", *Science*, enero de 2017.

24

MANTERRUPTING

SUCEDE CUANDO UNA MUJER habla y un hombre la interrumpe bruscamente, sin esperar a que ella termine, de modo que la conversación gira en torno a él, en donde él es quien explica las cosas (va completamente ligado con el *manxplicar*). Es un neologismo inglés que une las palabras *man interrupting*. Hay quienes consideran que no es más que una demostración de mala educación, que por supuesto lo es, pero además va acompañada de un componente machista: los hombres no interrumpen de la misma manera a otros hombres como lo hacen con las mujeres. El trabajo que Sheryl Sandberg y Adam Grant publicaron en el *New York Times* arrojó que cuando una mujer habla en público es muy común que sea interrumpida antes de terminar su idea, ya sea porque es percibida como insegura o, al contrario, que por hablar con demasiada seguridad sea considerada agresiva.[26] Este tipo de conductas, así como el que las opiniones y propuestas no sean escuchadas ni se abran espacios para hacerlo, muestran que en nuestra cultura las opiniones de las mujeres son sistemáticamente infravaloradas y que los hombres tienen *de facto* el derecho a interrumpir,[27] lo que genera en las mujeres inseguridad y autocensura.

Ejemplo: Estas situaciones abundan en la escuela, en el campo laboral, en la política, en el espectáculo; una muestra muy clara de ello fue cuando en la entrega de los Grammys en 2009 el rapero Kanye West le quitó el micrófono a la cantante Taylor Swift, quien estaba agradeciendo su premio.

---

26 Sheryl Sandberg y Adam Grant, "Speaking While Female", *New York Times*, 12 de enero de 2015. https://www.nytimes.com/2015/01/11/opinion/sunday/speaking-while-female.html.

27 Mary Beard, especialista en estudios clásicos, ha observado cómo en la literatura existen numerosos ejemplos donde se ha excluido históricamente a las mujeres de la conversación pública. Tiene un ensayo muy esclarecedor: "La voz pública de las mujeres", en *Habla*, México, Antílope, 2017.

25

LOS HOMBRES QUE QUIEREN QUE LES EXPLIQUES (¡AHORA SÍ!) SOBRE FEMINISMO PORQUE LES DA PEREZA ESTUDIAR O REFLEXIONAR AL RESPECTO

CUANDO LOS HOMBRES QUE CREEN (de forma consciente o no) que tienen el poder de explicarlo todo toman una actitud defensiva al ser cuestionados o cuando se les señala una conducta machista en la que incurren y, en lugar de tratar de entender, quieren que se les explique detalladamente, poniendo a prueba a su interlocutora. El problema con esta actitud es que no hay un interés real por informarse sobre un tema que ignoran o por cuestionar sus propios privilegios, sino que es una reacción, una especie de desafío. Como si fuera una obligación de las mujeres explicarles las cosas, ellos toman una postura de supuestos "abogados del diablo", de este modo subestiman los conocimientos empíricos o teóricos de ellas, sin hacer un esfuerzo por comprender o empatizar. Se le exige a ella dar resumidos y digeridos los conocimientos para ver si logra convencerlo, pero en realidad tiene todo por perder porque su interlocutor no demuestra apertura o disposición para entender.

Este tipo de actitudes suele ir acompañado por descalificaciones, frases condescendientes como: "A ver, explícame", o aún peor: "Te voy a dejar que me expliques", lo cual implica que ella debería estar agradecida ante su gesto magnánimo de mostrarse "interesado" por conocer lo que ella piensa o siente; y planteamientos de situaciones hipotéticas en donde, según ellos, los verdaderos afectados por la desigualdad de género son los hombres.

Estas pseudodiscusiones revelan la indiferencia y pereza para estudiar e informarse de algunos hombres que aparentan estar interesados, en espera de que sean las mujeres quienes hagan el trabajo, responsabilizándolas por las faltas de ellos: "Si ellas, en particular las feministas, quieren cambiar el mundo, deberían tener la responsabilidad de *educar* y explicar de manera amable y complaciente sus puntos de vista".

26

LLAMAR HISTÉRICA O LOCA A UNA MUJER CON ÍMPETU

ES MUY COMÚN ESCUCHAR que se refieren a las mujeres con esas palabras para descalificar sus peticiones o sus necesidades emocionales, sin embargo, es raro escucharlo sobre un hombre. Mientras un hombre puede ser un líder proactivo, a una mujer con las mismas características se le considera "intensa", "porque está loca" o "porque es una histérica". Esto se puede deber a varios motivos y tiene muchos matices, uno de ellos es el hecho de que a las mujeres se les ha relegado históricamente a espacios dentro de lo privado, y cuando tienen un puesto público se les critica por actitudes que no son negativas si vienen de un hombre; por ejemplo, una jefa es "una mandona" mientras que un jefe es "estricto y tiene carácter". También, una mujer que lidia todos los días con ambientes o circunstancias misóginas (como los que hemos compilado, descrito y narrado en este libro) tiende a tener más estrés acumulado que los hombres que no viven este tipo de situaciones; el que una esté acostumbrada a vivir violencias invisibles no quiere decir

NO ES MI RESPONSABILIDAD HACERTE UN RESUMEN DE TRES AUTORAS CON CINCO EJEMPLOS.

ESTAMOS EN PLENO S. XXI, ¡EMPIEZA POR ABRIR WIKIPEDIA!

que no cargue con ellas. El que, a diferencia de una mujer, a un hombre no se le diga "viejo histérico loco" tiene una historia propia, un pasado machista que debemos conocer.

La palabra histérica viene del francés *hystérie*, que a su vez viene del griego ὑστέρα y quiere decir ni más ni menos que útero... útero, leíste bien. Cada vez que alguien pronuncia "vieja histérica" para criticar a una mujer con ímpetu lo que dice es una frase con una carga histórica machista: en 1653 el médico alemán Pieter Van Foreest publicó un libro sobre medicina con un capítulo específico sobre enfermedades de las mujeres. En él escribió sobre la histeria, que en aquel tiempo era una enfermedad aparentemente "común", y para curar sus síntomas se recomendaba que una partera asistiera a la mujer al masajear sus genitales con un dedo dentro de su útero; siglos después, para "curar" este síntoma, se inventaría el vibrador.[28] Para el siglo XIX se consideraba un padecimiento mental (de mujeres "locas") común *la histeria femenina* y un siglo después se dejó de hacer este falso diagnóstico.

Esto es un ejemplo de cómo la comunidad médica, como todo el pensamiento científico, tiene un pasado (y en muchos casos, presente) machista, que excluyó a las mujeres de los centros de estudio pero que experimentó con ellas.[29] El pensamiento científico también está en constante cambio, en tanto surgen más descubrimientos y se hacen más preguntas, las ideas cambian. Justamente las ventajas de la ciencia están en su capacidad para refutarse a sí misma, de lo contrario sería dogma de fe. Así como el pensamiento científico cambia, nuestra

---

28 Sobre la historia del concepto histeria recomendamos el primer capítulo de Rachel Maines del libro *The Technology of Orgasm: "Hysteria", the Vibrator, and Women's Sexual Satisfaction* (Johns Hopkins University Press).

29 Y también un pasado racista: por ejemplo, en su momento, hubo científicos que defendían la idea de "la raza" y la dividían en cuatro: blancos, negros, asiáticos y amerindios. Esto mismo sirvió para que existieran "hombres de ciencia", que en su momento defendían una "raza aria" superior a la "raza judía" durante el nazismo, con todos los horrores que eso conllevó. Como lo hemos descrito en apartados anteriores, las violencias machistas y racistas se entrecruzan y la ciencia es muestra de ello, por ejemplo, en junio de 2018 la estatua del cirujano J. Marion Sims —conocido como el padre de la ginecología moderna— fue retirada de Nueva York tras la exigencia de grupos de activistas porque muchos de los avances médicos fueron producto de la experimentación, sin anestesia, con esclavas afroamericanas.

lengua también lo hace; debemos dejar de reproducir machismos al hablar y pensar dos veces la carga histórica y simbólica que tiene lo que decimos.

Ejemplo: Quizás uno de los casos más famosos de mujeres a las que descalificaron por sus demandas y las tacharon de "locas" es el de las argentinas de la Plaza de Mayo, quienes desde la década de los setenta buscan a sus familiares desaparecidos durante los gobiernos dictatoriales. El uruguayo Eduardo Galeano escribió en "El derecho a soñar" sobre su supuesta locura: "En Argentina, las *locas* de la Plaza de Mayo serán un ejemplo de salud mental, porque ellas se negaron a olvidar en los tiempos de la amnesia obligatoria".

27

FEMINAZI

FEMINAZI ES UNA PALABRA utilizada para invalidar el argumento de una mujer que defiende los derechos de las mujeres y de la diversidad sexual. En lugar de escuchar lo que la mujer tiene que decir, se le descalifica de una manera que, además, banaliza el sufrimiento de las víctimas del Holocausto y demás crímenes cometidos por el régimen nazi. Las feministas no asesinan, no torturan, no tienen campos de concentración ni experimentan con los cuerpos de las personas.

Hay personas que piensan que el feminismo es un movimiento contra los hombres, pero esto es un error: el movimiento feminista lucha contra el sistema patriarcal que oprime a las mujeres, no contra los hombres. El problema es que muchos hombres, acostumbrados a los privilegios que este sistema les da, pueden sentirse molestos o amenazados al tener que ceder espacios para llegar a la igualdad.

Hay muchas formas de ser feminista, pero en todas ellas el objetivo principal es transformar nuestra sociedad en una más justa, sin violencia de género, sin estereotipos que hacen sufrir, en donde las personas puedan ser libres.

Ejemplo: Algo parecido les ocurría a las sufragistas en los siglos xix y xx. Su lucha por ser reconocidas como ciudadanas y obtener derechos civiles resultaba sumamente peligrosa para el orden establecido, en donde los espacios y roles de mujeres y hombres estaban segregados de manera rígida e inflexible. En las revistas y periódicos se publicaban caricaturas en donde se les representaba como mujeres solteras, viejas, amargadas porque "seguro ningún hombre las había querido". Un estereotipo machista que se reutiliza y adapta a cada época para atacar y desacreditar a las mujeres que luchan por sus derechos, consideradas una amenaza porque buscan acabar con el sistema de privilegios patriarcal.

28

HABLAR A LAS NIÑAS DE FEMINISMO Y A LOS NIÑOS NO

LOS ESPACIOS GANADOS por las mujeres son un signo indiscutible del cambio de mentalidades durante el siglo xx. Como todos los cambios, esto implica que si unas personas cambian de posición, las demás se verán obligadas a hacerlo también aunque sea un poco... Estas transformaciones no están exentas de debates y tensiones respecto a los roles y lugares que deben ocupar en la nueva sociedad.

Solemos pensar en la necesidad de empoderar a las niñas y educar a las hijas para que sean capaces de detectar las conduc-

tas y actitudes machistas que hemos abordado durante todo el libro y con ello puedan vivir su vida con la libertad de tomar sus propias decisiones. Esto es muy importante, pero no es suficiente. En estos reacomodos es necesario que como sociedad accedamos a una educación que nos haga conscientes de las desigualdades y de los privilegios, que rompa con los estereotipos para formar personas libres, seguras de sí y respetuosas de las demás.

Ejemplo: Hay familias en las que les dicen a sus hijos e hijas que los "niños y las niñas son capaces de hacer cualquier actividad por igual", pero el ejemplo que les dan en casa, día con día, no corresponde: la madre lava los trastes, recoge la mesa y le sirve al padre la comida, mientras él mira su celular sentado en la mesa.

29

Y MI PALABRA ES LA LEY

¿SE HAN FIJADO QUE socialmente se suele atribuir mayor credibilidad a los dichos de un hombre frente a los de una mujer? Es común que se dude de la palabra de una mujer, se duda de su experiencia en el tema, de sus motivos para decir lo que dice, hasta de su salud mental, depende del caso; sin embargo, los hombres suelen percibirse como más convincentes. Esto ocurre en todos los ámbitos (algo también muy relacionado con *manxplicar*). La voz de la legalidad, la voz de la moral, incluso la forma en que se representa la figura de Dios, ese ser supremo que creó todo lo que existe, es visto en Occidente como un padre bueno (el *padre nuestro*) y temible al que debemos obediencia.

Ejemplo: Cuando se asume que la autoridad en cierto ámbito específico la tiene un hombre, aun cuando a la vista hay una mujer tomando decisiones. Una amiga, gerente de un restaurante, se enfrenta a este tipo de actos todo el tiempo, cuando algún cliente insatisfecho quiere hablar con "el encargado" y al verla a ella le dicen: —Señorita, ¿le puede llamar al gerente?

—Yo soy la gerente.

—¿No habrá algún superior con quien pueda hablar?

Como si el ser mujer la incapacitara para solucionar su problema.

30

LA VOZ DE LOS EXPERTOS

EN ESPACIOS ACADÉMICOS y medios de comunicación ha sido sistemáticamente silenciada la voz de las mujeres (algo que va muy de la mano con *manxplicar*). En términos generales tenemos una representación mínima y en algunos casos inexistente. Si bien con los años esto ha cambiado paulatinamente, aún hoy las voces de las mujeres no tienen suficiente representación. Esto repercute en muchos aspectos, uno de ellos es que las mujeres crecemos sin tantos ejemplos de figuras femeninas públicas a quienes admirar o seguir, al contrario de los hombres, que tienen muchos referentes.

Por otro lado, se presta a actitudes de acoso sumamente normalizadas: el profesor que le brinda atención a una alumna y con ello la "eleva" y marca una distancia intelectual con el resto de sus compañeras, porque "ella sí" vale la pena. Él puede ser su mentor y ella su musa, porque esa alumna *sí es digna* de su atención, *sí es inteligente*. En esa situación de poder que él tiene sobre ella y en medio de un espacio donde se escatima el reconocimiento intelectual a las mujeres, la acosa y disfraza este acto como si fuese un halago ese interés sobre ella. Por si fuera poco, esta situación perpetúa la idea de que el espacio de las mujeres es primero el afectivo o sexual en relación con un hombre, y en segundo plano, si es que él lo permite, es el intelectual. Por ello es bastante común este tipo de historias de profesores que establecen relaciones con alumnas, sin embargo, no lo son las de alumnos con profesoras. Vale la pena hacer un ejercicio de memoria si eres mujer: ¿cuántos profesores se acercaron a ti con interés de seducirte? ¿Cuántos casos de profesores que acosaban a alumnas conociste entre la secundaria y la universidad? ¿Qué se decía de ellos y qué de ellas? ¿Cuántos casos de profesoras que acosaron a alumnos o a alumnas conociste, si es que conociste alguno?

El contexto en el que sucede esto es muy relevante: en espacios de educación media superior y superior, donde es muy notorio cuando en los planes de estudio la mayor parte de la bibliografía obligatoria es de autoría masculina (y dentro de esos libros escritos por hombres también se asoman otros privilegios: hombres blancos, usualmente de clases sociales acomodadas, de países de "primer mundo"); esta falta de representación también es visible en otros ámbitos, como en el mundo del arte, la literatura, la política, la ciencia o el deporte... por mencionar sólo algunos.

Es por eso que los paneles integrados exclusivamente por hombres (conocidos en inglés como *all male panels*) son sumamente comunes e incluso llegan a niveles ridículos; por mencionar un ejemplo de lo absurdo que esto llega a ser, en 2018, en la Escuela Libre de Derecho (una prestigiosa institución de la Ciudad de México) 17 hombres presentaron una iniciativa llamada No sin mujeres, con el fin de promover la participación femenina en las ciencias sociales. Sin embargo, durante la firma y la presentación ante la prensa del documento no hubo ni una sola mujer... ni una sola. La representación femenina es necesaria y justa.

31

LA MUJER
QUE NUNCA ESTUVO

NO CABE DUDA DE QUE la historia es de quien la narra. Los libros de historia dan cuenta de los sucesos que han marcado la presencia del "hombre" en el planeta. Y cuando se refieren al "hombre", precisamente a eso se refieren, a la historia de los hombres. Solamente. Esa idea del "hombre" que pretende ser un genérico, un sustituto de "humanos", no lo es. No hace falta más que leer esos libros de historia para darnos cuenta de que, efectivamente, se habla exclusivamente de hombres, salvo algunas mujeres consideradas excepcionales, por haber destacado dentro de los criterios de valoración masculina. Ni siquiera se habla de todos los hombres: el relato que llamamos "Historia universal" deja fuera el punto de vista de los conquistados, los esclavizados, los subalternos. Esas historias parecieran olvidar que vivimos en un mundo habitado por hombres y mujeres conviviendo, interactuando, todos los días. Las mujeres siempre han estado ahí; consideradas "destacadas" o no, sus acciones, sus ideas y sus descubrimientos han contribuido a que el mundo sea lo que es, ya sea como esclavas, reinas, monjas, madres, ricas, pobres, rebeldes, obedientes, a pesar de las restricciones y prohibiciones, siempre ha habido mujeres que se las arreglaron para inventar cosas, escribir libros, curar personas, explorar, crear, luchar por lo que creían... El problema es que sus hazañas y sus logros no fueron registrados: los libros no hablan de ellas, los cuadros las retratan como bellas damas y omiten sus actos; poco a poco, ante la falta de memoria, su paso por el mundo se ha ido desvaneciendo, como si no hubieran existido, o su actuación hubiera sido secundaria, como ayudantes o cuidadoras. Durante las últimas décadas se han llevado a cabo enormes esfuerzos por recuperar esas historias y sacarlas a la luz. Es así que hoy podemos saber que muchas de las canciones o cuentos que se conocen como anónimos fueron escritos por mujeres, y empezar a conocer las historias de mujeres que habían quedado enterradas. Por ejemplo, ¿sabías que antes que Elvis Presley y Chuck Berry, Rosetta Tharpe grabó el primer tema de rock and roll de la historia?

32

HÉROES Y HEROÍNAS

EN LA HISTORIA SIEMPRE han existido grandes mujeres que se convierten en modelos a seguir, heroínas exaltadas por sus hazañas y cualidades. Sin embargo, por mucho tiempo, los atributos que debían poseer las mujeres para ser admiradas era ser bellas y puras y defender su virtud a costa de todo. Otra opción para llegar a la fama era sacrificarse por amor, por la patria, por los hijos o todas las anteriores. En contraste, los héroes llegaron hasta ahí por ser valientes, desafiar las reglas, atreverse a hacer lo que nadie había hecho. Si revisamos las historias nacionales de Latinoamérica, por ejemplo, encontramos que han sido narradas a través de biografías de personajes principalmente masculinos, aristocráticos, con rasgos físicos europeos, que emprendieron acciones trágicas y heroicas, mientras que las mujeres que pasaron a la historia como heroínas desempeñaron el papel de "madres republicanas", que se sacrificaban y cuidaban de los hombres que luchaban. Es decir, su heroísmo siempre ocupa un lugar secundario.

Funciona igual con los héroes y heroínas que nos presentan los cómics, los videojuegos y el cine. Por mucho tiempo predominó la figura del héroe fuerte y galante que salva a la chica linda e indefensa, la figura de Superman salvando a la despistada Lois Lane es icónica.

Las superheroínas que surgieron entonces son siempre menos poderosas, su fuerza dura poco, es limitada con respecto a la de sus colegas varones. A diferencia de los héroes masculinos, el cine sitúa a las heroínas en mundos de fantasía, futuristas, distópicos, no en el mundo real. Ellos suelen ser hombres extremadamente fuertes, cuyos cuerpos sobrehumanos sorprenden. Ellas son bellas y sus cuerpos, enfundados en vestuarios que resaltan sus formas, más que ser un despliegue de músculos y fuerza, poseen las proporciones ideales para el disfrute masculino.

Durante los últimos años el número de heroínas que llegan a la pantalla grande va en aumento cada vez dotadas de mayores poderes. Sin embargo, las resistencias por parte de los fanáticos de los superhéroes a que existan papeles protagónicos de mujeres es enorme. En Estados Unidos, por ejemplo, en distintos foros de internet llamaron a boicotear la película *Captain Marvel* (2019), protagonizada por Brie Larson. El avance es lento pero refrescante, y definitivamente se convierten en referencias que contribuyen a ensanchar los límites de lo posible en la imaginación de niñas no tan niñas.

33

APROPIACIÓN DEL CRÉDITO O DE LAS IDEAS DE LAS MUJERES

CUANDO UN HOMBRE SE LLEVA el crédito y el reconocimiento por la idea de una mujer. Recientemente, en Estados Unidos han llamado a esta práctica *bropriating*, pero aunque la palabra sea nueva, la acción no lo es. Estaban tan acostumbrados a contar la historia desde su punto de vista y dejar fuera a las mujeres, que no parecía un problema tomar el crédito que les correspondía.... En la historia de la ciencia, del arte, de la música, ¡por todas partes!, existen muchos casos que han ido saliendo a la luz con el paso de los años, por ejemplo, el caso de Walter Kaene, tema de la película de Tim Burton *Ojos Grandes*, quien durante años se apropió de la autoría de las obras de su esposa Margaret; o la historia de Zelda Fitzgerald, esposa del aclamado autor estadounidense Scott Fitzgerald, quien escribió varias de sus novelas en colaboración con Zelda y hasta incluyó pasajes enteros del diario de ella en sus novelas, sin darle el crédito correspondiente.

Sin embargo, esto no es cosa del pasado. Es una práctica frecuente que un hombre asuma el crédito de las ideas o del trabajo de una mujer. Muchas veces simplemente se omite, ya saben, como cuando en una tarea creativa la mamá, la hermana o la novia ayudan al "autor" a pensar, escribir, armar, elaborar o inventar, y al final su nombre es borrado del producto final... "sólo estaban ayudando". Si este mismo apoyo fuera recibido por parte de otro hombre, un par, es distinta la situación: ya no es un hombre que trabaja y una mujer que lo ayuda, sino dos hombres que trabajan en conjunto.

34

PROFESIONALES
Y *AMATEURS*

INTERIORIZAMOS A TAL GRADO los estereotipos que caracterizan "la masculinidad" y "la feminidad" que pueden llegar a contaminar nuestros juicios y percepciones, sin que seamos conscientes de ello, llevándonos a evaluar algo a partir del sexo de la persona, generalmente a sobrevalorar los logros de los hombres e infravalorar los de las mujeres. Se ha realizado un buen número de estudios en los que se demuestra que existen sesgos de género al evaluar el desempeño de hombres y mujeres en distintos ámbitos de trabajo. Por ejemplo, en la Universidad de Princeton se realizó en 2012 un experimento en el que se ponía a consideración del personal académico, de ambos sexos, la solicitud para un trabajo de laboratorio. Los currículos eran iguales, sólo cambiaba el sexo del "supuesto aplicante" de manera aleatoria. A pesar de que tenían los mismos méritos, el grupo de evaluadores consideró que los candidatos varones eran más competentes para el puesto e incluso les ofrecieron un mejor salario que a las mujeres.[30] Investigaciones de este tipo se han efectuado para analizar cómo evalúan los profesores a sus estudiantes a la inversa,[31] cómo se evalúa a las mujeres en puestos de poder y en mandos medios en comparación con sus homólogos varones, qué tipo de retroalimentación reciben, y la mayoría arrojan resultados similares: las mujeres son evaluadas por debajo de sus homólogos masculinos por un desempeño igual. ¿Qué pasa? ¿Por qué seguimos creyendo que si tenemos un candidato hombre y una mujer para realizar un trabajo él lo hará mejor sólo con verles? Excepto, claro, que se trate de un trabajo como cuidar de alguien, hacer la limpieza de la casa o preparar comida casera. No sólo ocurre en las oficinas y las universidades, en la crítica de arte este fenómeno es de lo más común: mientras que los trabajos de artistas varones (ya sea en la música, en la literatura o en las artes plásticas) suelen evaluarse con criterios definidos, en cuanto el o la crítica saben que la autora es mujer, suelen atribuirle un tinte emocional y una delicadeza que quizá antes de conocer su sexo no habían sido vistos de esa forma.

30 Corinne A. Moss-Racusin *et al*. "Science faculty's subtle gender biases favor male students", PNAS, 9 de octubre de 2012, 109 (41) 16474-16479. https://doi.org/10.1073/pnas.1211286109.

31 Los resultados de este estudio arrojaron que mientras que las evaluaciones a profesores se centran en su capacidad de dar la clase, las evaluaciones sobre profesoras incluían comentarios sobre sus personalidades y su apariencia. "Gender Bias in Student Evaluation", Cambridge Press American Political Science Association, 2018. https://doi.org/10.1017/S104909651800001X.

Ejemplo: Cuando Joanne Rowling comenzó a publicar su exitosa serie de novelas *Harry Potter*, utilizó únicamente sus iniciales J. K. Rowling, a sugerencia de sus editores, de modo que no se revelara el género de quien escribía para que no se vieran influidas por prejuicios las personas que potencialmente podían comprar el libro.[32]

35

PROFESIONES DE HOMBRES

DESDE LA ETAPA DE LAS MUÑECAS y los carritos, tras pasar por el condicionamiento de la escuela secundaria y preparatoria, nuestras opciones profesionales se perfilan de manera diferenciada de acuerdo con nuestro sexo. A ellos, caracterizados como racionales, metódicos, responsables y fuertes, se les ofrece el camino de las ciencias exactas, las ingenierías y la informática. Para ellas, asociadas con lo emocional, los cuidados y la imagen corporal, se abre el camino de la educación, el trabajo social o las artes, entre otras profesiones consideradas típicamente femeninas. Las mujeres que optan por las carreras "de hombres" tienen que enfrentar el rechazo y la discriminación de profesores y compañeros de clase, ya que se considera que están invadiendo un espacio de privilegio. Y es que la sociedad suele atribuir una mayor importancia a las actividades consideradas masculinas que a las que son consideradas femeninas. Incluso cuando se trata de la misma actividad, la manera diferenciada de nombrarla suele infravalorarla cuando es realizada por una mujer. Por ejemplo: ellos son diseñadores de moda, mientras ellas son "modistas"; ellos son chefs, mientras ellas son cocineras; ellos son auxiliares de vuelo, mientras ellas son azafatas, entre otros ejemplos.

[32] J. K. Rowling en entrevista con Christiane Amanpour, CNN, 10 de julio de 2017. https://edition.cnn.com/2017/07/10/world/amanpour-j-k-rowling-interview/index.html.

Ejemplo: La matemática estadounidense Karen Uhlenbeck, primera mujer ganadora del Premio Abel 2019, que otorga la Academia de Ciencias y Letras de Noruega (algo así como el Nobel de matemáticas), cuenta las dificultades que tuvo para estudiar matemáticas en la década de los sesenta, cuando todos le decían que debería estar en casa teniendo bebés.[33] Han pasado muchos años y se han ganado muchos espacios: de acuerdo con el Panorama de la Educación 2017, de la Organización para la Cooperación y el Desarrollo Económicos (OCDE), 50% de las mujeres de 25 a 34 años tiene estudios universitarios, frente a 38% que los tenía 10 años antes, mientras que entre los hombres esas cifras pasaron de 30 a 38%. Sin embargo, continúa una importante separación entre las carreras que estudian las mujeres y las elegidas por los varones. Este sesgo tiene fuertes implicaciones sociales, ya que precisamente esas "carreras masculinas" son las que conducen a las profesiones consideradas "del futuro", como la construcción, la informática y el desarrollo de tecnologías, que son también las mejor pagadas. De modo que, a pesar de que las mujeres demuestran un mejor rendimiento académico, de acuerdo con las estadísticas, al graduarse obtienen resultados desfavorables en términos de empleo e ingresos.

36

FISCALIZACIÓN DEL TONO

EN INGLÉS EXISTE un concepto llamado *tone policing* que en español se ha traducido como *fiscalización del tono*, y sucede cuando importa más "cómo se dice algo" que lo que se dice. Con esto se les exige a los grupos más vulnerables mantenerse ecuá-

---

33 Tomado del perfil personal de la doctora Uhlenbeck en la Universidad de Texas, Austin. https://web.ma.utexas.edu/users/uhlen/vita/pers.html.

nimes ante la hostilidad del panorama del que son víctimas; importan más los modos que la legitimidad de las demandas.

Del mismo modo que sucede con el concepto de *revictimización*, fiscalización del tono se utiliza tanto para temas de discriminación racista o de discriminación por género y es un machismo muy recurrente.[34] La fiscalización del tono también es una falacia, ya que es un argumento *ad hominem* que busca restarle importancia a la declaración de una persona criticando el tono con el que se comunica el mensaje en vez del mensaje en sí.

Por ejemplo, en una manifestación en contra de un feminicidio nunca falta quien se queje por el tono "rabioso" o "provocador" de quienes se quitan la playera o hacen una pinta en una pared y con ello desvían la discusión ante una situación grave: el feminicidio, la impunidad, la falta de políticas para prevenirlos, etcétera. Pareciera que a esta persona le molesta más ver los senos de una mujer o una pared rayada que la terrible situación de violencia en contra de las mujeres.

37

ENTRE MÁS BONITA, MÁS IDIOTA

PENSAR QUE UN ATRIBUTO propio de las mujeres es ser bonitas, mientras uno de los hombres es ser inteligentes. En ese aspecto se concibe a las mujeres como personas que tienen que complacer visualmente, ser buenas acompañantes y no para participar o tener un rol activo. Como si lo adecuado para una mujer concebida socialmente como bella sea ser tonta. Este tipo de nociones afecta también a las mujeres que se

---

34 Para aclarar dudas sobre *revictimización* véase el glosario.

desarrollan en espacios de trabajo intelectual, quienes son juzgadas por su apariencia física, ya sea si dedican tiempo para lucir bien o si no. La frase "las rubias son tontas" es común, pero no lo es decir que "los rubios son tontos", también se escuchan comentarios como: "Si se maquilla es que es tonta", cuando no tiene por qué relacionarse la apariencia física con las preocupaciones intelectuales de cada quien. Estos estereotipos de género tienen un fuerte efecto en las decisiones de las mujeres en el momento de incursionar en campos del saber considerados "masculinos"; frases como: "Si estudias eso nadie se va a casar contigo", "la ingeniería sólo es para feas" o "esa carrera no te va a dejar tiempo para formar una familia", son ejemplo de ello.

La otra cara de la moneda es la idea de que, si eres considerada por un hombre como poco atractiva, deberías esforzarte siendo siempre amable, inteligente e hipercomplaciente, como una especie de "compensación", siempre con la idea de que es responsabilidad de las mujeres cumplir con sus expectativas, el "deber ser" atractivas y agradables para ellos.

Ejemplo: Cuando mi prima comenzó a estudiar ingeniería civil uno de sus profesores la abordó después de clase y le preguntó qué hacía ahí si era "demasiado guapa para ser ingeniera". Esas palabras se repitieron durante los primeros semestres en voces de profesores y compañeros. Desde sus primeros días en la facultad ella supo que el resto de su carrera tendría que demostrar en todo momento su capacidad para ser tomada en cuenta.

38

LA MUJER DE TAL

CUANDO PRESENTAN A UNA MUJER como la pareja de alguien, es asumir que no tiene voz o vida propia o que ella *es* en tanto su relación con un hombre: como si fuera una extensión de él o su propiedad. Se ha eliminado la preposición "de" en los apellidos de las mujeres casadas, que era una señal de pertenencia explícita; sin embargo, sigue pasando todo el tiempo que a una mujer se le valore por los hombres a los que está o estuvo vinculada.

Esto que parece muy banal puede escalar, y es aún más grave cuando vemos que este sentido de pertenencia de "la mujer de un hombre" puede llegar a otras esferas, pareciéndonos normal que él decida sobre la integridad de ella.

Por ejemplo, en algunas partes de México era perfectamente legal que un hombre violara a su esposa hasta el año 2005. Si bien hay códigos en el país donde desde hace décadas se incluía la violación entre cónyuges como tal, no todos los códigos lo hacían. En 1994 la Suprema Corte de Justicia de la Nación (SCJN) sostuvo que "si un cónyuge violaba a otro cónyuge, no era, jurídicamente, violación, sino que era, a lo más, el *ejercicio indebido de un derecho*". Y fue hasta 2005 cuando la misma SCJN revirtió ese criterio y sostuvo que por virtud del matrimonio las personas ya no pierden su derecho a decidir cuándo tener relaciones sexuales.[35]

Ejemplo: Existen grandes muestras de esto en la prensa, como cuando llaman a la reconocida abogada especialista en

---

[35] Del mismo modo, esta idea también está arraigada a la noción de que el matrimonio es para la reproducción: por eso un hombre podía violar a su esposa y ejercer indebidamente "un derecho".
Las autoras agradecen la asesoría de la especialista en derechos sexuales y reproductivos Estefanía Vela Barba para este apartado.

derechos humanos Amal Alamuddin como "la esposa de George Clooney", o cuando Corey Cogdell ganó una medalla de bronce en los olímpicos de Río de Janeiro y el periódico *Chicago Tribune* se refirió a ella como la "esposa de un jugador de los Bears", o cuando en 2016 la editorial madrileña Drácena publicó el libro *Reencuentro de personajes* de la escritora mexicana Elena Garro. Muy desafortunadamente el libro iba acompañado con un cintillo que decía: "Mujer de Octavio Paz, amante de Bioy Casares, inspiradora de García Márquez y admirada por Borges". Es curioso que no sólo validaran a la autora por su relación con un hombre, sino que además usaran su vida privada con fines de mercadotecnia y la plantean como "esposa" o "amante"... en el mejor de los casos como "admirada por". Las quejas del público fueron grandes y la editorial optó por solicitar a las librerías que retiraran el cintillo.

39

INFANTILIZAR A LAS MUJERES

CUANDO NOS TRATAN COMO si no fuéramos capaces de pensar y actuar respecto a nuestra edad, como si fuéramos inmaduras. Esta conducta, muy frecuente en los sitios de trabajo, relega a las mujeres a una condición de eterna aprendiz, supeditada al trato paternalista de jefes que nos "explican" lo que más nos conviene, condenando al estancamiento a mujeres extremadamente competentes, mientras que, en contraste, los hombres de su edad y experiencia siguen progresando.

Ejemplo: Cuando entré a mi primer trabajo en una oficina tenía 27 años. Mi jefe era un hombre mayor de 50 que me enseñó muchas cosas y siempre le agradeceré su entrenamiento, el problema es que nunca dejé de ser una aprendiz para él y solía presentarme como "la niña" cuando asistíamos a reuniones importantes. Diez años después llegué a un nuevo trabajo en donde mi compañera, más o menos de mi edad, acababa de convertirse en madre, sin embargo, ni su enorme vientre de embarazada ni mis nacientes canas impedían que fuéramos "las niñas" de la oficina. Podría sentirme halagada de que me consideren tragaaños, pero en el contexto laboral esta infantilización implica que somos inmaduras para tomar decisiones o emprender proyectos por nuestra cuenta.

40

ESTUDIA MIENTRAS SE CASA

EN MUCHOS CÍRCULOS SOCIALES persiste la idea de que el matrimonio es el suceso más importante de la vida de una mujer, por lo que las ocupaciones o emprendimientos que ella haga antes del "esperado día" son vistos como caprichosos, poco serios o irrelevantes. Este tipo de prejuicios descalifica el trabajo de las mujeres que, aun cuando se tratara de un interés temporal, no tiene por qué ser menospreciado. Dichos prejuicios se extienden a disciplinas completas, que históricamente han sido vistas como poco serias, por ser desempeñadas por mujeres principalmente, frente aquellas que han sido consideradas las más complejas y racionales y por tanto reservadas para los hombres.

Este pensamiento tan arraigado sobre el papel de las mujeres como que sólo son capaces para las actividades domésticas puede rastrearse en el pasado. Por ejemplo, José Díaz Covarrubias, quien fue secretario de Justicia e Instrucción Pública en México a finales del siglo XIX durante el gobierno de Lerdo de Tejada, escribió que las mujeres "por lo general, apetecen menos el estudio, mientras que en el hombre es universal la

¿Y QUÉ ESTUDIÓ TU PRIMA?
ALGO DE REPOSTERÍA...
AHH... EN LO QUE SE CASA...
PUES NO SÉ SI QUIERE CASARSE, PERO YA ABRIÓ DOS PASTELERÍAS Y UN CAFÉ.

tendencia a instruirse. Predomina en aquellas la actividad afectiva más que la intelectual" y que "la mujer está destinada a un papel en la sociedad humana que exige menos cultivo del espíritu".[36]

41

SEÑOR / SEÑORA-SEÑORITA

CUANDO UN HOMBRE ALCANZA cierta edad es llamado para efectos formales "señor". Es un signo de respeto, de distinción: "el señor" incluso tiene connotaciones de poder. Con las mujeres ocurre algo distinto. Cuando deja de ser una niña la llaman "señorita", implica que es una joven y que se ha convertido en un objeto de deseo para la mirada masculina. Una señorita es una joven mujer soltera, lo que se traduce en sexualmente disponible. En México, tradicionalmente, cuando una mujer se casa y deja de estar disponible, es nombrada señora, a veces incluso toma el apellido del esposo. Así, "señora" es una especie de marca, un distintivo para que el mundo sepa el estado civil de una mujer. ¿Por qué habríamos de hacerlo del conocimiento público?: "¡Ey! ¡Cuidado! ¡Apártense, que no estoy disponible!" ¿Cuándo se ha visto que a un hombre se le distinga entre señor y señorito? Es como si se nos negara la adultez, a menos de que tengamos un hombre al lado que responda por nosotras.

Pero hay más. No sólo llegas a ser llamada "señora" a través del matrimonio. Conforme pasan los años y a los ojos de los jóvenes dejas de ser considerada una joven y deseable "señorita", pasas a ser "señora". La primera vez que escuchas: "¿Qué va a

36 José Díaz Covarrubias, *La Instrucción Pública en México. Estudo que guardan la Instrucción primaria, la secundaria y la profesional en la República. Progresos realizados, mejoras que deben introducirse*, México, Imprenta del Gobierno en Palacio, 1875. https://repositorio.itesm.mx/handle/11285/573959. p. LXXVI.

tomar, señora?", la cara se te descompone. Incluso hay quienes se sienten insultadas. "¡¿Señora yoooo?!" Por supuesto, no negamos que es difícil afrontar los tránsitos a nuevas etapas de la vida, pero ¿por qué nos molesta tanto? ¿Es la idea de envejecer la que nos aterroriza? ¿Por qué habría de gustarnos que nos infantilicen y nos llamen señoritas cuando somos mujeres adultas con experiencia en la vida?

42

COSAS DE MUJERES: LOS TEMAS SUPERFICIALES, FRÍVOLOS, POCO PROFUNDOS, CURSIS

LOS MEDIOS DE COMUNICACIÓN y las redes sociales son una guía para observar cuáles son los temas que el sistema asigna a cada género. Las revistas y los programas dirigidos contribuyen a reforzar estereotipos, promueven conductas, espacios e intereses atribuidos históricamente a las mujeres: recomendaciones de belleza, cuidado del hogar, la familia, el matrimonio, la crianza... aderezados con chismes de romances entre personas famosas. Incluyen también una serie de consejos para mejorar la autoestima, siempre enfocados en la aceptación de los otros: "Cómo saber si te llamará de nuevo", "cómo atrapar marido", "cómo volverlo loco en la cama..." Es decir, todos estos contenidos "femeninos" que se lanzan sobre nosotras son una avalancha de recetas para agradar a los otros: hijos, amantes, esposos, jefes... Por su parte, los contenidos dirigidos a los hombres son completamente distintos: política, negocios, coches, relojes, deportes, entre otros temas de interés, imágenes eróticas de mujeres con poca ropa, y algunos consejos que se consideran útiles para no dejarse atrapar por mujeres, para triunfar en los negocios, para mostrar a todo el mundo quién es el que manda. Estos mensajes encontrados, opuestos entre sí, nos colocan sobre un piso desigual, que lejos de buscar que vivamos espacios más equitativos acentúa las diferencias.[37]

Es común decir que las mujeres "sólo andan en el chisme" o en el "cotilleo" (como se dice en España) cuando se reúnen, y que hablan de temas banales de la vida cotidiana, pero los hombres en sus reuniones también hablan de temas superfluos. Es simple: en los momentos de esparcimiento y relajación los temas no tienen que ser complejos, da igual el género de quienes los platican. Suponer que hay temas "de hombres" o "de mujeres" es reforzar estereotipos que son dañinos a todas las personas.

Ejemplo: En un trabajo que tuve, en la oficina había cinco mujeres y un hombre, que era el jefe. Él tenía tratos muy despectivos hacia nosotras y hablaba de nosotras a nuestras espaldas, pero como entre todas nos llevábamos muy bien nos enterábamos de todo lo que él decía. Recuerdo cómo en una reunión nos dijo: "Si no hubiera tantas mujeres en la oficina no habría tantos chismes". Este comentario nos molestó mucho: él era el que hablaba de nosotras con las demás y, para colmo, hizo relucir su machismo culpándonos por nuestro género de los problemas que él había ocasionado.

---

[37] Un ejemplo claro de esta acentuación de las diferencias se evidencia en la inequidad con la que se trata a las mujeres en el mundo del deporte, un espacio tan masculinizado. Se refleja muy bien con la cobertura desigual que hacen los medios de comunicación a las ligas femeninas en contraste con las masculinas. Como cuando en 2017 el tenista Andy Murray corrigió a un periodista que le preguntó sobre su oponente, al que describió como el primer jugador estadounidense (*first US player*) en alcanzar una semifinal en el Grand Slam desde 2009, y Murray rectificó: *first male player*, el primer jugador hombre en hacerlo, ya que tanto Coco Vanderweghe, como Serena y Venus Williams y Madison Key lo habían logrado antes que los hombres.

43

LAS MUJERES NO SABEN HACER NEGOCIOS

EL ESTEREOTIPO DE LA MUJER indecisa e insegura que depende de un hombre para que cuide de sus intereses tiene que ver con la caracterización binaria de los hombres como seres racionales y fríos, lo que deriva en que se considere que ellos, por regla, son mejores para los negocios, la toma de decisiones y el manejo del dinero en general. En contraposición se ha alimentado la idea de que las mujeres, emocionales e impulsivas, lo que hacemos mejor es gastar. Estos roles de género sostienen la manera en que se ha estructurado la forma en que se han dividido los trabajos tradicionalmente, de acuerdo con la cual los trabajos realizados por los hombres son remunerados y los asignados a las mujeres, tales como el trabajo doméstico o los cuidados, no obtienen remuneración. Siguiendo esta idea, que ubica a las mujeres "protegidas" en la esfera del hogar, lejanas al mundo del dinero, de los negocios, se piensa que serán inexpertas o inocentes. Esa lógica hace que la participación de las mujeres en los negocios familiares muchas veces no sea tomada en cuenta, y a menudo quedan opacadas o fuera del primer plano, a pesar de que hayan estado involucradas activamente en el desarrollo de la empresa o trabajo del que se trate.

¿Y A VISTE QUE
SUBIÓ DE PUESTO?
SEGURO SE ACOSTÓ
CON EL JEFE.

O PUEDEN SER
SUS AÑOS
DE EXPERIENCIA,
SU FORMACIÓN
Y LO BIEN QUE HACE
SU TRABAJO...

44

MINIMIZAR LOS LOGROS DE LAS MUJERES: TREPADORA

LAS OFICINAS PUEDEN LLEGAR a ser espacios sumamente hostiles para las mujeres o las personas no heterosexuales al enfrentar constante discriminación. Un machismo tristemente común es cuando se implica que alguien (una mujer o un hombre homosexual), para lograr una meta laboral, un ascenso o un buen puesto, "se acostó con el jefe". Esto, además de desvalorizar las capacidades de alguien, normaliza un ambiente donde es común pedir (desde una situación de poder) favores sexuales, algo sumamente violento y abusivo.

45

USO SEXISTA DEL LENGUAJE

NUESTRA SOCIALIZACIÓN está marcada por un carácter desigual, un ejemplo muy claro de ello es el lenguaje, a través del cual se estructura nuestro pensamiento. El lenguaje refleja, transmite y refuerza estereotipos de género que pueden ser misóginos, lesbófobos, transfóbicos u homofóbicos. Es común encontrar asimetrías en el uso del lenguaje español que invisibilizan o subordinan a las mujeres y que, al no parecer graves, son aceptados.

Un ejemplo que ha llegado a niveles de escándalo internacional de un machismo común es el uso de la palabra *puto* en México. A pesar de los avances de los últimos años en materia de reconocimiento y protección de derechos a las minorías sexuales, continúa siendo común el empleo de esta palabra, sumamente discriminatoria en un país con altos niveles de crímenes de odio (de acuerdo con el informe "Violencia, Impunidad y Prejuicios" de Letra S, Sida, Cultura y Vida Cotidiana, de 2013 a 2017, al menos 381 personas fueron asesinadas en México por motivos relacionados a la orientación sexual o a la identidad y expresión de género percibida de las víctimas), y que, tras ponerse de moda gritarla en los estadios de futbol cada vez que saca el portero del equipo contrario, la FIFA multó a México por corearla; sin embargo, es común escuchar defensas a esta expresión por parte de comentaristas deportivos o aficionados que se excusan con que es una "expresión cultural". Si vivimos en una cultura homofóbica que es también misógina, corresponde cambiarla, no perpetuarla.

Ejemplo: El tratar a los hombres por su apellido en señal de respeto y a las mujeres por su nombre de pila. El significado cultural de expresiones arraigadas como "mujer de vida alegre" frente a "hombre de vida alegre" o la diferenciación siempre negativa de ciertas palabras en femenino, como las muy usadas: *zorra* o *perra* para insultar a una mujer.

46

CHISTES MACHISTAS

ES FRECUENTE ESCUCHAR que alguien cuenta un chiste en donde la ridiculización de las mujeres es el eje. Ya sea en los programas de televisión, en los discursos políticos o en nuestras reuniones familiares, en la oficina, con amigos o en los memes que recibimos a diario. El humor es un lugar en donde la discriminación se disfraza de broma, de manera que es aceptada por quienes la escuchan como algo normal e inofensivo, de lo contrario, podrían tacharnos de no tener sentido del humor. Estos chistes suelen mostrar a las mujeres como objetos cuya valía está dada en virtud de los servicios que prestan al hombre, entre ellos el de hacerlo parecer superior a ella.

El humor es parte de nuestra cultura, refleja las fobias y las aspiraciones de una sociedad en la que no es "políticamente correcto" decir las cosas de manera directa. En México la mayor parte del humor está basado en la misoginia, la homofobia y el menoscabo de lo diferente: ciertos colectivos son estereotipados para convertirse en el blanco de las burlas.

Ejemplo: Estos chistes están tan arraigados y normalizados que muchas figuras de la política, que tienen cargos de elección popular, deciden romper el hielo en sus discursos oficiales con algún chascarrillo, sin dimensionar las implicaciones de sus dichos. Tal fue el caso del presidente de Chile, Sebastián Piñera, quien en 2017 cerró un acto de campaña con un chiste profundamente machista: "Bueno, muchachos, me acaban de sugerir un juego muy entretenido: es muy sencillo, todas las mujeres se tiran al suelo y se hacen las muertas, y todos nosotros nos tiramos encima y nos hacemos los vivos. ¿Qué les parece, muchachos?"[38]

No era la primera vez que el presidente lanzaba una de sus "bromitas". Esta caricatura de la violación, una de las mayores violencias en contra de las mujeres, resulta ofensiva en cualquier contexto, pero aún más cuando viene de alguien en un puesto de supuesta representación, quien tomará decisiones que tendrán efecto sobre las vidas de las mujeres que se enfrentan a la cultura de violación día tras día.

---

[38] Paula Molina, "El 'chiste machista' que obligó al expresidente y candidato Sebastián Piñera a pedir perdón (y que Bachelet considera inaceptable)", BBC News Mundo, 21 de junio de 2017. https://www.bbc.com/mundo/noticias-america-latina-40350828.

47

DECIR QUE UNA MUJER ES UNA MALCOGIDA O MALFOLLADA

LO RELACIONAN CON el "mal humor" de una mujer, como si (parecido a la histeria) se tratara de disminuir cualquier problema en un "lo que necesita es tener sexo", pero no se dice que un hombre que está de malas es "un malcogido". Lo que resulta contradictorio es que en esta mentalidad heteropatriarcal (porque queda implícito que lo que ella "necesita" es "un pene" para ponerse de buen humor) al final del día quien no "la coge bien" es un hombre... pero ella es la de la culpa. Además, niega una enorme realidad: las mujeres podemos satisfacernos entre nosotras y a nosotras mismas sin la necesidad de ningún pene.

EJEMPLO: Por más inverosímil que parezca, en septiembre de 2016 una chica llegó a un hospital en Murcia tras sufrir un desmayo y el médico que la trató en su diagnóstico anotó "no bien follada".[39] La paciente compartió en su cuenta de Facebook la conclusión del tratante y ésta se volvió viral, las autoridades de Sanidad tomaron cartas en el asunto y el tratante fue sancionado en 2019.

---

[39] "El médico que diagnosticó 'no bien follada' a una paciente incendia las redes", *La Opinión de Murcia*, 10 de septiembre de 2016. https://www.laopiniondemurcia.es/murcia/2016/09/10/medico-diagnostico-follada-paciente-incendia/766252.html. "Suspendido un médico que llamó 'mal follada' a una paciente en murcia", *El Periódico*, enero de 2019. https://www.elperiodico.com/es/sucesos-y-tribunales/20190128/mal-follada-murcia-doctor-7271845.

TRATO CONDESCENDIENTE

EXISTEN HOMBRES QUE TRATAN de evitar caer en estas conductas machistas, como ignorar a una mujer cuando habla o hacerla menos, pero en su lugar caen en frases o actitudes que son, paradójicamente, igual de machistas. Por ejemplo, el profesor universitario que cuando habla en el salón de clases dice cosas como: "Las mujeres son siempre las más inteligentes", o cursilerías como: "Las mujeres son lo más lindo de la tierra". Esto es una forma de domesticación de las demandas de las mujeres: no necesitamos agradarles sino ser respetadas como todas las personas.

49

LA PEOR ENEMIGA DE UNA MUJER ES OTRA MUJER

EXISTE LA CREENCIA de que es imposible la amistad entre mujeres. Parte de la idea de que las mujeres somos traicioneras y envidiosas por naturaleza y debemos desconfiar de las demás y competir con ellas por la validación masculina. Esta lucha, inevitablemente, da como resultado envidias y hostilidad entre nosotras. Hemos aprendido que esta es una manera de socializar desde pequeñas, con frases como: "Es que las niñas son conflictivas" o "la peor enemiga de una mujer es otra mujer", sin embargo, podemos cambiar este tipo de educación de rivalidad y reemplazarla por solidaridad y sororidad.

Además, no es común escuchar cosas como "el peor enemigo de un hombre es otro hombre", cuando entre ellos se agreden y es constante enterarnos de que se involucran en peleas violentas —que incluso llegan a ser mortales—.

Ejemplo: Recuerdo que en la secundaria prefería estar con los niños porque pensaba que mis compañeras eran "complicadas y chismosas" y con ellos todo era más fácil. Sentía que yo era diferente a ellas, y cuando mis amigos decían que yo era "uno más" porque sabía alburear y me sabía el porcentaje de goles de todos los jugadores en la Champions League, me sentía en las nubes. Hasta que me di cuenta de que no, no era uno más, yo era "una" y eso hacía la diferencia. Fue entonces cuando volteé a ver a las otras mujeres a mi alrededor y entendí que no eran complicadas, bueno quizá algunas sí (como también lo eran los hombres). Yo había caído en el estereotipo machista, me negué la oportunidad de ver realmente a quienes estaban junto a mí y con quienes tenía tanto en común.

LA INCONDICIONAL

LA ODIOSA FRASE "DETRÁS de un gran hombre hay una gran mujer" se funda en la idea de que, sin importar las tareas o responsabilidades que ella tenga, o sus formas de distribuir el tiempo, se espera que estará disponible siempre que "él" (generalmente su pareja, pero puede aplicarse al padre, hermano, hijo, jefe) necesite de ella. Es una cuestión de educación: mientras a los varones se les educa para ser seguros de sí mismos y concentrarse en su trabajo o sus proyectos, sin importar las consecuencias, a las mujeres se nos educa para cuidar, para agradar, para pensar siempre en los demás. De tal forma, anteponemos las cosas de "él" a las nuestras, a nuestros propios intereses, ambiciones, deseos.

Además, perpetúa la idea de que todas las relaciones son heterosexuales: detrás del éxito de él, está ella, su pareja. Cuando perfectamente puede estar detrás del éxito de ella su novia, o del éxito de él su esposo o su amante.

Ejemplo: Esto puede sonar muy anticuado, pero se ejemplifica muy bien en el estereotipo de madre sacrificada de telenovela mexicana. Es sorprendente la facilidad con la que se puede caer en dinámicas de este tipo, dar mayor importancia a los trabajos o proyectos de ellos y que se espere que las mujeres estén siempre disponibles para apoyarlos.

51

LOS HOMBRES ARREGLAN COSAS

LOS OFICIOS Y PROFESIONES que tienen que ver con el uso de maquinaria y herramientas, materiales pesados o considerados peligrosos, como el gas, la electricidad y la construcción han sido espacio exclusivo de los hombres: mecánicos, plomeros, carpinteros, bomberos, taxistas, choferes de autobús. Sus técnicas se guardaron como un secreto sólo compartido con iniciados varones durante siglos. En especial tienen que ver con actividades que implican fuerza, habilidades de conducción y que requieren tener ciertos conocimientos de maquinaria o electrónica. Existe una extendida creencia de que las mujeres no pueden llevar a cabo, ni siquiera entender, ese tipo de trabajos. Eso explica que cuando contratamos los servicios de un mecánico, electricista o plomero, este siempre se dirigirá al hombre que se encuentre cerca para explicarle el problema, asumiendo que intentarlo con nosotras sería un desperdicio de energía. La cuestión con estos oficios es que se han convertido en definiciones de la masculinidad. Acceder a estos saberes secretos, resguardados por los varones durante siglos, puede ser tomado como una afrenta por muchos. Un episodio de lo más común es la visita a la ferretería, en donde la sencilla compra de un clavo puede convertirse en un examen doctoral sobre la especificidad que necesitamos, mientras que a los hombres les basta con pedirlos para obtener lo que quieren, una especie de estrategia para hacer visible que no sabes, que te equivocas, que te estás metiendo en un terreno que no te pertenece.

Recuerdo cuando intenté unirme a un taller de carpintería en un centro público de formación en oficios. Cuando entré, los cerca de 40 hombres que ahí batallaban por serruchar un trozo de madera o ensamblar un mueble se detuvieron y me miraron con recelo. El profesor, como si estuviera repeliendo una invasión, me recibió cerca de la puerta, impidiendo que me adentrara más. Le expliqué mi interés en la carpintería y que tenía un par de proyectos en mente y él no hizo más que ponerme peros y mostrarse escéptico. No me importó y me integré al taller. En automático las miradas que antes se clavaban en mí inquisidoras, se habían desviado todas a una. Me volví invisible. Nadie me hacía un espacio en la mesa de trabajo, no podía acceder a las herramientas, el maestro me ignoraba, los compañeros me miraban burlonamente, murmuraban, se reían. Terminé desertando. En ese espacio hostil no alcanzaría mi idea de relajarme lijando madera y disfrutar su olor mientras construía muebles con mis propias manos.

52

EL LUGAR DE LAS MUJERES

LA IDEA DE QUE EL MUNDO está dividido en esferas separadas y antagónicas tiene profundas implicaciones en nuestra vida, aun hoy. Pensamos que hay una división muy definida entre el espacio público, la calle, la política, las instituciones, el lugar de los hombres, y lo privado, la casa, la familia, los cuidados, el lugar de las mujeres. Esta separación implica la creencia de que ciertas personas son aptas para ciertas labores e ineptas para otras en función del lugar que les ha sido asignado. Por ejemplo, como a los hombres les toca el espacio público se asume que son malos para cocinar u organizar la casa y, al contrario, se espera que las mujeres estén dotadas naturalmente para dichas actividades y no sean capaces de realizar las que se asocian con lo público, como manejar las finanzas.

DA IGUAL
SI ERES
XY o XX.
LOS MARTILLOS
NO TENEMOS
PREJUICIOS.

En consecuencia, se descalifica frecuentemente a las mujeres en ciertos campos laborales, académicos o deportivos argumentando que sus propuestas son intrascendentes ya que serían más propias de una charla de café, o implicando que su "hábitat natural" debería ser el de las labores domésticas.

La idea tradicional de la división sexual de los espacios, que asocia a las mujeres con lo privado y a los hombres con lo público, es muy engañosa: los hombres están en su lugar cuando están en la calle, pero también lo están cuando se encuentran en casa, con su familia, cuidados y atendidos; las mujeres, en cambio, no están "en casa" cuando están en la calle, pero tampoco lo están en casa en el mismo sentido que ellos, para ellas la casa es un lugar de trabajo y de cuidados. También, en muchos casos, es un espacio de violencia.

Ejemplo: Virginia Tovar fue la primera mujer en el futbol mexicano en ser árbitra central en un partido de primera división. Durante su trabajo fue sumamente criticada e insultada con frases como "regrésate a la cocina" o "el futbol no es para viejas". Se retiró después de que, poco a poco, le quitaran horas de arbitraje; su carrera duró de 2004 a 2008.

"Hubo jugadores que no querían que estuviera ahí, como Jared Borgetti. Apenas estaba tirando el volado para iniciar el partido y me decía: '¿Para qué la mandan, mija, si no tiene capacidad?' ",[40] declaró Tovar para el portal deportivo Mediotiempo.

---

40 "Vicky Tovar recordó la misoginia que sufrió de futbolistas", Mediotiempo, 8 de marzo de 2017. https://www.mediotiempo.com/futbol/liga-mx/vicky-tovar-recordo-misoginia-sufrio-futbolistas.

53

MUJER AL VOLANTE

LA IDEA DE QUE EXISTE una incapacidad biológica de las mujeres para manejar un automóvil... y no se diga volar un avión o navegar. Los automóviles, como puede verse en la publicidad y en el cine, son un elemento vinculado directamente con el ideal de masculinidad dominante: símbolo de poder y de estatus.

En los espacios profesionales de automovilismo la representación de las mujeres es nula o, si aparece, es como elemento decorativo. Son ambientes sumamente masculinizados y heteronormados, por ejemplo, los calendarios de marcas de productos automovilísticos con fotos de mujeres semidesnudas, el papel de las mujeres como edecanes en las carreras de autos y no como conductoras o mecánicas.[41]

En la vida cotidiana suele descalificarse a las conductoras por el simple hecho de ser mujeres. Nunca falta el señor que dice: "Tenía que ser vieja" cuando una mujer choca; sin embargo, nadie dice: "Tenía que ser hombre" cuando esto sucede, lo cual, según las estadísticas mexicanas (INEGI, 2017), es mucho más frecuente.

De acuerdo con el psicoterapeuta Luis Bonino el manejar de manera temeraria e imprudente es una práctica relacionada estrechamente con el modelo de masculinidad dominante. Las competencias de velocidad funcionan en muchos contextos como "pruebas de hombría". Esto deriva en numerosos accidentes, muchas veces fatales.

---

[41] Cabe mencionar que han existido y existen mujeres conductoras de Fórmula 1, como María Teresa de Filippis, Lella Lombardi, Divina Galicia, Giovanna Amati, Desiré Wilson, María de Villota, Simona de Silvestro, Carmen Jordá, Susie Wolf, Tatiana Calderón. También hay mujeres en el equipo mecánico de la F1, como María Mendoza, contratada por Ferrari para dirigir el control de calidad.

Ejemplo: En julio de 2016 siete pasajeros se bajaron de un vuelo Miami-Buenos Aires de American Airlines al enterarse de que quienes piloteaban el avión eran mujeres. Este incidente retrasó casi dos horas la salida del avión.

54

COMPAÑERA INVISIBLE

NUNCA FALTA EL TIPO en el bar que se acerca a dos chicas para ligar y les pregunta: "¿Vienen solas?"; por su puesto, se refiere a si no van con un hombre, como si sólo así una mujer pudiera considerarse verdaderamente acompañada. Esta posición implica que el acompañamiento y la protección necesarios para salir al espacio público, para viajar, para salir de noche, etcétera, solamente puede ser proporcionada por un varón, como si estuviéramos en el siglo XIX, cuando las mujeres debían tener siempre un hombre que legalmente se hiciera responsable de ellas.

Ejemplo: En 2016 el asesinato de dos turistas argentinas en Ecuador conmocionó a América Latina. El tratamiento de los medios en torno a las circunstancias de su muerte (véase culpabilización de la víctima) puso énfasis en que las mujeres viajaban "solas", aunque eran dos, implicando que ellas se habían puesto en riesgo al no ir acompañadas de un hombre. Las reacciones no se hicieron esperar. El *hashtag* #ViajoSola comenzó a circular para reivindicar el derecho de las mujeres a ir a donde queramos, solas o acompañadas por quien queramos.

55

BEBE COMO HOMBRE

¿HAN VISTO QUE EN UNA FIESTA o en un bar a las mujeres les sirven, sin preguntar, las bebidas sin alcohol o las más suaves y a los hombres las alcohólicas o las más fuertes? Estos estereotipos son de los más comunes y son los vestigios de un modelo femenino que proponía que una mujer decente y virtuosa estaba en casa, cuidando de los hijos, y no en eventos sociales o lugares considerados "propensos al vicio". Las mujeres eran consideradas frágiles emocionalmente, demasiado delicadas para los efectos del alcohol. Por supuesto, esto no implica que no se tomaran una copita en la soledad de sus cocinas, pero el consumo de alcohol era visto como una prerrogativa de los hombres. En la Ciudad de México, por ejemplo, hasta hace pocas décadas se prohibía la entrada de mujeres en las cantinas (así como a "uniformados y menores de edad", como rezaban los letreros que se colocaban en la puerta). Este cambio, a pesar de la multitud de protestas de cantineros y parroquianos, fue consecuencia de las nuevas dinámicas en la vida de las mujeres, de clase media principalmente, que incluía una vida social más activa. El consumo de bebidas alcohólicas de las mujeres ha aumentado de manera considerable desde entonces, sin embargo, hay quienes se resisten a aceptarlo y continúan asociando la bebida con una práctica masculina. Del mismo modo se mira raro y se critica a los hombres cuando les apetece tomar cocteles adornados con sombrillitas, se cuestiona su masculinidad y se les ridiculiza por optar por bebidas "femeninas".

56

LAS MUJERES ENTRAN GRATIS

HAY UNA CANTIDAD ENORME de bares, clubes y antros donde a las mujeres no les cobran la entrada y eso es parte de su publicidad: "Las mujeres entran gratis". Esto es constantemente criticado pero por los motivos equivocados: hay hombres que se quejan de "tener que pagar" y se sienten "discriminados", pero no se dan cuenta de que ese no es el problema: básicamente, a diferencia de los hombres que tienen el privilegio de ser consumidores, las mujeres somos consideradas objetos de consumo. Se perpetúa la idea de que ellos son los que deben tener dinero (algo notorio en la desigualdad de pago entre hombres y mujeres) y nosotras somos una especie de decoración o accesorio. Esto evidentemente afecta en las dinámicas de cortejo o seducción que suceden dentro de estos espacios.

57

ASUMIR QUE EL HOMBRE ES EL QUE PAGA

CUANDO AL PEDIR LA CUENTA en un restaurante se le entrega al varón directamente, se asume que será él quien pague. Detrás de este gesto se esconden varios estereotipos: el del hombre proveedor y la mujer dependiente, el del caballero protector que se hace cargo de los gastos de la señorita a la que corteja. Es una costumbre que tiene que ver con una organización familiar de clase media, en donde el esposo trabaja fuera de casa y la esposa se dedica al hogar, sin retribución econó-

OBVIAMENTE QUE LAS
MUJERES "ENTREN GRATIS"
NO TE DISCRIMINA A TI, JUAN,
SI ODIAS QUE
TE COBREN EN LOS LUGARES
MACHISTAS... DEJA DE IR
A LUGARES MACHISTAS.

mica alguna. Desde jóvenes, se usaba que los chicos invitaran a las chicas, como preparación para ir asumiendo los roles que a cada quien le corresponden. Con la inserción de las mujeres al campo laboral remunerado, esta tradición ha quedado obsoleta —aunque cabe mencionar que existe el famoso *pay gap* y las mujeres tienden globalmente a ganar menos—, sin embargo, se sigue criticando a los hombres que no pagan la cuenta por ser "poco caballerosos". Más que apostar a que ella o él asuman el pago completo, podemos pensar formas más prácticas como dividir un total entre lo que cada quien consumió, se turnen los pagos, o que quien más dinero tenga en ese momento pague una mayor parte de la cuenta.

Ejemplo: Cuando tenía novio y yo pagaba la cuenta, siempre le daban el cambio a él. Aun siendo yo quien sacaba el dinero del bolsillo delante del tendero (cuando eran hombres) y cuando me atendían mujeres sí me daban el cambio a mí.

58

LA NORMA HETEROSEXUAL

EL ASUMIR QUE TODAS LAS PERSONAS que nos rodean son heterosexuales: se suele dar por sentado que la heterosexualidad es "lo normal" porque es "lo más visible". Esto tiene una explicación. Nuestra cultura ha impuesto la heterosexualidad con el discurso de "lo natural", lo que es absurdo cuando se ha estudiado que las relaciones entre parejas del mismo sexo han existido en muchas civilizaciones a lo largo de la historia y que también distintas especies animales tienen relaciones homosexuales.

Históricamente las formas de vivir la sexualidad que se salían de esta imposición fueron perseguidas, silenciadas, patologizadas. En la escuela se nos educa en la heterosexualidad, y cuando se hacen intentos por abrir estos contenidos, las reacciones de rechazo no se hacen esperar. Esto lleva a invisibilizar la diversidad de formas de vivir la sexualidad (homosexualidad, bisexualidad, identidades trans), ya sea que no la veamos porque no registramos que hay otras posibilidades más allá de la heteronorma, en una ceguera cultural, o simplemente por intolerancia.

Ejemplo: Al ser incapaces de reconocer relaciones no heterosexuales. Como cuando un chico o una chica en una relación homosexual presentan a su pareja y las demás personas en el grupo la reconocen como su "amigo" o "amiga" y no como su pareja.

59

NO HAN CONOCIDO A UN HOMBRE DE VERDAD

EN UNA CULTURA ANDROCÉNTRICA como la nuestra, en donde se propone como única sexualidad posible las relaciones heterosexuales, el que una mujer elija estar con otra mujer es una subversión. Más aún, en nuestra sociedad todo pareciera girar en torno al falo, como símbolo de poder y centro de la sexualidad. Entonces, desde esta lógica heterosexista y misógina, si una mujer es lesbiana, tiene que ser porque no ha conocido a un "hombre de verdad", ya que, de haberlo hecho, "lo preferiría sin duda". Esto es muy violento porque conlleva negar la sexualidad de alguien más y perpetuar la discriminación hacia las lesbianas y hacia las orientaciones sexuales disidentes en general.

AMOR ROMÁNTICO

CON ESTE TÉRMINO NOS REFERIMOS al modelo cultural a través del cual entendemos el amor en las sociedades occidentales durante los últimos siglos, una pieza clave en la forma en que se organizan las relaciones entre hombres y mujeres y una herramienta de control infalible. A través de la legislación, de la religión, de las películas, la televisión, las novelas, se nos enseña que el amor de pareja es el más importante de todos los otros vínculos afectivos que podamos tener (maternidad, amistad, vecindad, o cualquier otro). Se nos enseña que, sin pareja, estamos solos o solas. A las mujeres en especial se nos inculca desde niñas que el amor es nuestra máxima aspiración, lo mejor que nos puede pasar. Pero volvemos, no cualquier tipo de amor: se trata de un amor heterosexual (¿quién ha oído hablar de la princesa azul?), monogámico y para toda la vida, que se expresa a través del matrimonio, como si este fuera la culminación de la relación amorosa: "Y vivieron felices para siempre..." Ese es el sueño. De ahí se desprende una serie de mitos: que si "el amor lo puede todo", que si "el amor es sacrificio", que ha servido para reforzar las desigualdades entre hombres y mujeres y excluir a quienes no pueden o no quieren entrar en este modelo.

LA MEDIA NARANJA

ELLA ENTRÓ AL LUGAR, y como si una fuerza magnética lo impulsara, él volteó hacia la puerta; sus miradas se cruzaron, casi instintivamente, y entonces supieron que eran el uno para el otro: se besaron y, desde aquel momento, vivieron felices para siempre...

Las películas que vemos, las canciones que escuchamos, las novelas que leemos nos transmiten la idea de que lo mejor que nos puede pasar es encontrar a nuestra "media naranja", es decir, esa persona que nos ha sido predestinada para complementarnos y hacernos felices, de manera que pareciera ser la única o la mejor opción posible. Este pensamiento mágico sobre el amor, por maravilloso que nos lo presente Hollywood, es muy problemático en la vida real: primero, implica que somos personas incompletas (medias naranjas o limones o la fruta que prefieran) y que para ser felices dependemos de alguien más, "alguien" que está "allá afuera", esperando por encontrarnos. Cuando los astros se alinean y damos con esta persona, se convertirá en nuestra pareja, en ese ser especial con quien seremos compatibles y llenará nuestras expectativas en todos los aspectos: nos hará reír, nos estimulará intelectual y sexualmente, nos gustarán las mismas cosas, nos cuidará, escuchará nuestros secretos, hará amistad con nuestra familia, resolverá nuestros problemas... Demasiada presión, ¿no creen?

La idea de la complementariedad, de pensar a la persona amada como una extensión nuestra, conduce a vivir en función de sus deseos y necesidades y a esperar que viva en función de los nuestros.

Por otra parte, se piensa que sólo existe un "amor verdadero" (los otros son de mentiritas) esperándonos en algún lugar, y que el encuentro con esa persona es una ecuación irrepetible que puede darse una única vez en nuestra vida, que nos llevará a ser felices para siempre. Por supuesto, lo que vivimos con cada persona que conocemos es muy especial e imposible de comparar con las experiencias de alguien más, pero no es la única forma de experimentar el amor, afortunadamente. Esta creencia puede conducir a sentimientos de frustración, ansiedad y soledad por no hallar a esa "otra mitad" que, como tal, sólo existe en nuestros sueños. Y una vez que se encuentra a ese alguien, lleva a muchas personas a realizar todo tipo de sacrificios por miedo a no volver a amar y ser amadas. Lo cierto es que no somos medias personas. Somos personas acabadas, completas y autónomas que no necesitamos más que tenernos a nosotras mismas para ser felices.

62

CULTO A LA VIRGINIDAD

LA VIRGINIDAD, más que una condición anatómica, se trata de una construcción cultural que ha idealizado la castidad de las mujeres como medio para controlar su sexualidad y que los hombres tengan certeza de la paternidad. Esto tiene que ver con razones económicas, principalmente: asegurar que el patrimonio de la familia quede en manos de su descendencia, sin embargo, los argumentos para imponerla durante siglos apelan a la religión y a la moral. Esta forma de control sobre los cuerpos femeninos es muy antigua: podemos rastrearla a la antigua Grecia, donde la casta y poderosa diosa Atenea era símbolo de virtud y fuerza, pero en realidad es con el cristianismo que la virginidad toma un lugar más relevante en la vida de las personas. El modelo es la virgen María, quien simbolizaba el sacrificio y el amor de madre sin nunca haber perdido su "pureza" en

la relación sexual, considerada como un "mal necesario" por la iglesia y como "pecaminosa" si ocurría fuera del matrimonio con fines que no fueran la procreación.

La virginidad se asocia con "el honor" no sólo de una mujer, sino de su familia entera: una especie de sello de garantía de que, como si se tratara de un producto comercial, no ha sido "usada", no tiene experiencias ni historia antes de quien se convertirá en su marido. Es el "deber" de las mujeres cuidar de ese honor materializado en esa membrana que parcialmente cubre la cavidad vaginal, llamada himen (la cual, por cierto, puede romperse con facilidad por muchos motivos distintos a una penetración, como al practicar ciertos deportes o simplemente se va rompiendo con la edad).

Aunque hablar de virginidad a muchas les puede parecer cosa del siglo pasado, continúa siendo un mandato social con mucho peso. A muchos hombres el ser "el primero" para una mujer es fuente de poder y seguridad.

Ejemplo: Durante la última década se ha popularizado un procedimiento quirúrgico denominado himenoplastia, que consiste en la restauración o reconstrucción del himen. Se someten a esta operación sobre todo mujeres de clase media y alta, debido a sus altos costos. Pero ¿por qué invertir en una operación así?

Algunas sienten culpa o vergüenza provocadas por su entorno, el cual les hace sentir que no tienen derecho a decidir sobre su cuerpo y disfrutar de su sexualidad; otras han cedido a la mercadotecnia que ofrece este tipo de intervenciones, como el "rejuvenecimiento vaginal", que incluye eliminación de manchas y arrugas; otras más lo hacen para cumplir las fantasías sexuales de sus parejas... Muchas mujeres que provienen de entornos muy conservadores se someten a este tipo de operaciones para evitar "la deshonra" que supone perder la virginidad en su cultura (aun si son víctimas de violación) y poder acceder a un matrimonio o evitar agresiones por deshonor.

63

HOMBRES CON INICIATIVA Y MUJERES QUE ESPERAN

EN LA ERA DEL TINDER y las citas en línea parece increíble que persistan los estereotipos y prejuicios sobre quién debe tomar la iniciativa para salir, en las parejas heterosexuales. El otro día conversaba con un grupo de estudiantes universitarias que se quejaban amargamente de que debían esperar a que las invitaran a salir porque, de otra forma, ellos pensarían que estaban desesperadas o que eran "fáciles". El ritual del cortejo tradicionalmente ha impuesto roles de género para relacionarnos: el pretendiente toma la iniciativa porque "al ser hombre" se entiende que siempre desea irrefrenablemente tener un encuentro sexual. Para lograrlo debe mostrarse galante y simpático con la pretendida, quien, aunque le guste el pretendiente, no cederá a la primera insinuación para asegurar su interés; se entiende que ella no tiene prisa porque nunca siente ningún deseo sexual.

Estas conductas de apareamiento, que recuerdan a los pavorreales esponjados que tratan de impresionar a las pavas, están absolutamente superadas, o por lo menos eso creía, pero aún hay ámbitos en donde las mujeres son juzgadas por transgredir y cambiar el orden del libreto. No se trata de cazadoras y cazados o de conquistadores y conquistadas, sino de que todas y todos tengamos la posibilidad de expresarnos conforme a nuestros deseos sin que nos juzguen por ello.

Ejemplo: En los cuentos infantiles a las princesas las describen como personajes pasivos que esperan a que el príncipe llegue, las mire, las enamore, vaya a la aventura, vuelva por ellas, las rescate... siempre esperan, pero ¿qué pasaría si fueran ellos los que tuvieran que esperar?

MATRIMONIO. ¿EL DÍA MÁS FELIZ DE TU VIDA O EL DÍA QUE SU VIDA LLEGA A SU FIN?

LLEGA UN MOMENTO (depende en dónde vivas a la edad que empieza el acoso) en el que, si estamos sin pareja, pasándola bien, comienzan a colarse preguntas como: "¿Y para cuándo el novio o la novia?" o "¿Qué no piensas sentar cabeza?" cada vez que estamos con amistades y familia. Esto no termina ahí: si llegamos a emparejarnos, ya sea porque cedimos a las presiones o porque nos cruzamos con alguien que nos alegró el corazón, inevitablemente comenzamos a escuchar cierto tipo de comentarios con mayor frecuencia: "¿Para cuándo la boda?" Sin embargo, la forma en que se percibe el matrimonio, su relevancia e impacto en nuestra vida, se plantea de manera diferente si somos hombres o mujeres. A las mujeres, generalmente, se les inculca el mensaje de que el matrimonio es lo mejor que les puede suceder: encontrar a ese hombre bueno que las hará felices y las protegerá, mientras que entre los hombres el matrimonio es algo como "un mal necesario", pues deberán sacrificar su libertad, esa sexualidad desbocada que se supone que deben tener por ser "hombres" y consagrarse a una sola mujer, a quien deberán mantener a cambio de camisas planchadas y la cena preparada al llegar a casa. Hay infinidad de chistes y bromas al respecto, las revistas están plagadas de consejos de ese "día mágico": para ellas, cómo conseguirlo y hacer que sea perfecto, y para ellos, cómo evitarlo o, de lo contrario, cómo continuar con su vida de soltero, a pesar del inconveniente.

Ejemplo: En las despedidas de soltero son comunes los chistes como "game over" o emular un funeral, porque el casarse es "la muerte" de él.

65

HACERSE LA DIFÍCIL

SE ASUME QUE LAS MUJERES estamos siempre disponibles emocional y sexualmente y que no habrá para ella nada más importante que su pareja romántica: un hombre por quien estará dispuesta a hacer cualquier cosa, ya sea por agradarle, por tenerlo a su lado o por darle gusto. Con esa lógica, las revistas y *websites* de citas aconsejan a las mujeres a no estarlo, porque eso las puede hacer parecer "fáciles". Lo aconsejable, según estas publicaciones, es "hacerse las difíciles", asumiendo que hay que fingir que tenemos mejores cosas que hacer, como si fuera impensable que en realidad el centro de nuestra vida no es un hombre. La idea de hacerse la difícil no sólo niega que nuestros intereses y el cuidado de nosotras mismas sean más importantes para nosotras que cualquier otra persona, sino también niega la posibilidad de que el hombre en cuestión no nos interese: "Si no llamó, si dijo que no, no es porque no quiera... se está haciendo la difícil".

La insistencia, la presión y el chantaje para que una mujer diga que sí, asumiendo que en el fondo quiere decir que sí, es un acto violento y da pie a agresiones más graves, como el acoso o hasta el abuso sexual. Si después de varios "no" llega un "sí", hay que preguntarse ¿qué nivel de coerción ha existido? No hay que romperse la cabeza para tratar de interpretar un "no", simplemente hay que quedarse con el "no".

Las mujeres no son fáciles o difíciles: pueden estar interesadas en un hombre o no. Y si no lo está y dice que no, su decisión debe ser escuchada y respetada.

Ejemplo: Frases como: "Yo sé que tú quieres... ¿por qué eres tan mala conmigo?" culpan a la mujer por ser cruel al no querer comenzar una relación con alguien. Se ejerce presión en contra de ella por "mala".

66

PRUEBAS DE AMOR

DE ACUERDO CON EL MITO del "amor romántico" que nos han inculcado, somos capaces de todo "en nombre del amor". En efecto, todas las personas queremos ser aceptadas y amadas pero, a veces, hay quienes utilizan ese sentimiento para exigir cosas. El ejemplo clásico de la "prueba de amor" es cuando un hombre presiona a una mujer para tener relaciones sexuales: "¿Y cuándo vas a darme la prueba de amor?" Existen otros ejemplos, como ejercer presión para tener relaciones sexuales sin preservativo: "Si me quieres lo hacemos sin condón" o "¿No me tienes confianza?" Estas situaciones, como negarse a usar preservativo o (aun más grave) quitárselo sin avisar, ligadas nuevamente al amor romántico, conllevan la negación del autocuidado en las prácticas sexuales y deja la responsabilidad de la anticoncepción en manos de las mujeres (como lo mencionamos en el apartado 17). No hay nada que probar, las relaciones sexuales deben de ser cuando y como ambos gusten y las presiones y chantajes son actos violentos.

67

PLACER

ES COMÚN QUE LAS MUJERES se sientan obligadas a "cumplir" con su pareja, incluso cuando ellas mismas no lo desean del todo. Esto obedece a que, por un lado, aprendemos a vivir nuestra sexualidad sin centrarnos en el placer femenino. Por otro lado, se ha creído que las mujeres no tienen tanto deseo sexual como un hombre y, por ello, ellas deben satisfacer "las necesidades" de él. El goce y el placer son atributos aceptados y considerados positivos en los hombres, pero en las mujeres pueden juzgarse como negativos. Simbólicamente la sexualidad masculina se asocia con el poder, el lenguaje o los estereotipos sobre el placer que presenta la pornografía dominante que, desde un sesgo machista y racista, es una muestra de ellos. El encuentro sexual se centra en la penetración de él y en el placer de él.

Ejemplo: Se concibe el orgasmo masculino como el fin de un encuentro sexual entre un hombre y una mujer, y el orgasmo de ella pasa a un segundo plano de importancia (véase *Brecha del orgasmo* en el glosario).

68

DOBLE ESTÁNDAR: EL CAMPEÓN Y LA PROMISCUA

EN NUESTRA SOCIEDAD, un hombre exitoso suele representarse con muchas mujeres a su alrededor, con una vida sexual muy activa y con varias parejas sexuales. El cine y la televisión están plagados de estos personajes, por ejemplo, el famoso James Bond, quien siempre está rodeado de mujeres hermosas e intercambiables con las que mantiene relaciones que no significan nada para él; en los deportes hay futbolistas que publican fotos en ropa interior sin ser criticados ni humillados por hacerlo. Al contrario, los demás hombres a su alrededor lo miran con admiración o con envidia y las mujeres con aprobación.

Se espera que el hombre "se divierta", es decir, que experimente con distintas parejas sexuales y "adquiera experiencia" antes de establecerse con una mujer. De tal manera, un hombre puede ser abierto con respecto al número de parejas que ha tenido y hasta sentirse orgulloso. Pero cuando se trata de una mujer, la historia es muy distinta: una mujer que disfruta del sexo, que viste de manera desinhibida y fuera de los códigos aceptados, que lleva una vida sexual activa o tiene varias parejas sexuales se enfrenta invariablemente a juicios y penalizaciones en los círculos sociales que frecuenta: que si "es una golfa", que si "anda de puta", lo que contrasta con los calificativos de "don Juan" o "playboy" que reciben los hombres.

En realidad, casi cualquier cosa puede llevar a una mujer a ser tildada de prostituta (o *slut shaming*, como se le llama a este acto en inglés) y pocas se salvan de haber sido blanco de este tipo de descalificaciones. Publicar selfies en traje de baño en redes sociales, expresar opiniones políticas, haber sufrido acoso o sido víctima de una violación, vivir fuera del modelo tradicional de la familia heterosexual, defender derechos, pueden ser consideradas "afrentas" sociales.

Las redes se han convertido en una plataforma favorable para esta práctica. La posibilidad de hacer comentarios de manera anónima ha llevado a muchas personas a excesos que difícilmente ocurrirían cara a cara.

69

EL AMOR NO TIENE EDAD

DICEN QUE NO HAY EDAD en las cosas del amor, pero esto no aplica de igual manera en todos los casos. En la generación de nuestros abuelos era de lo más común que el marido le llevara más de 10 años a la esposa. Actualmente, la diferencia de edades entre los miembros de una pareja ha disminuido, probablemente debido a los cambios de roles de género. Sin embargo, los prejuicios diferenciados persisten. A nadie sorprende cruzarse con un hombre mayor acompañado por una mujer más joven, pero cuando se trata de una mujer mayor con un hombre más joven las reacciones no se hacen esperar. A la mujer se le ridiculiza, se le dice que "podría ser su hijo", se cuestiona la naturaleza de esa relación, como si fuera imposible que un hombre quiera estar con una mujer mayor que él, ¿no debería ella retirarse de la vida social y envejecer en donde nadie la vea? Estos prejuicios están relacionados con el culto a la juventud y la belleza que promueven el mercado y la industria del espectáculo, en donde la exigencia sobre el cuerpo de las mujeres es implacable, mientras que con los hombres no parece una cuestión importante.

Ejemplo: Las burlas de las que han sido objeto el presidente francés Emmanuel Macron y su esposa, Brigitte Trogneux, 25 años mayor que él, son una muestra muy ilustrativa. Las críticas dirigidas a la diferencia de edad entre ellos han llegado a implicar que el presidente es homosexual y se anula con ello la posibilidad de que pueda amar a su esposa por su edad. Mientras tanto, entre el presidente de Estados Unidos, Donald Trump, y su esposa, Melania, existe la misma diferencia de edad, pero esto no parece importar a nadie.

70

LA ROBA NOVIOS

CUANDO UN HOMBRE ENGAÑA a su pareja de inmediato se atribuyen culpas a la mujer con quien la engaña, en lugar de al hombre: se utilizan adjetivos como *provocadora, buscona, roba hombres*, como si la responsabilidad fuera de ella. Ella buscó, provocó y el hombre en cuestión simplemente no pudo hacer nada al respecto. Al imaginar una mujer que "roba hombres", pareciera que ella irrumpe en una casa durante la noche mientras todos duermen, para extraer al hombre en cuestión, como si se tratara de un objeto inanimado, sin voluntad propia. A ella en cambio se le atribuyen poderes sobrenaturales, como si fuera una hechicera que extirpa los cerebros de los indefensos hombres (sí, esos que dominan al mundo, con su fuerza y su raciocinio superiores), quitándoles la capacidad de tomar decisiones y de hacerse responsables de sus acuerdos. Esta idea contribuye a sembrar la desconfianza entre mujeres y generar una atmósfera de competencia, en donde habría que luchar por el varón deseado para que no te lo roben.

71

SOLTERONA, SE QUEDÓ A VESTIR SANTOS

ANTE LA VISIÓN DEL AMOR como una falta, como la búsqueda de un ser específico que es mi complemento, la figura de una mujer que no vive en pareja, ya sea porque decide vivir de una manera distinta a la prescrita socialmente o simplemente porque así se dan las cosas, resulta chocante y desafiante: hay que temerle a aquella que no necesita de un hombre para estar bien. ¿Quién va a controlarla? Desde los mitos griegos hasta las películas de Hollywood, las mujeres solteras son representadas como personajes amenazantes, que deben quedar bajo el dominio masculino para que reine la paz.

Las mujeres que están en pareja también se sienten intimidadas ante la idea de que las solteras estarán dispuestas a todo por "conseguir un hombre".

Una de las acciones para neutralizar esta amenaza es la difundida actitud condescendiente o de lástima frente a aquella que no logró cumplir con el ideal. La soltería se convierte en un monstruo del que hay que huir a toda costa porque se lee como soledad, como si no hubiera otras formas posibles de relacionarnos, capaces de llenarnos de amor y satisfacción.

Detrás del sentimiento de conmiseración por la "pobre tía que nunca se casó", está la creencia de que no hay mayor felicidad o plenitud posible fuera del modelo de la pareja heterosexual, lo que descarta otros caminos para la realización personal, así como niegan todas las alternativas de vivir el amor.

Ejemplo: La expresión "quedarse a vestir santos" se remonta a los tiempos en que las mujeres que no se casaban y que, por tanto, no tenían la tarea de cuidar y atender a una familia, se retiraban a un convento y se consagraban a la religión.

72

EL AMOR DUELE

SUELE DECIRSE QUE "DEL ODIO al amor sólo hay un paso". Se supone que ambos sentimientos son tan intensos y apasionados que pueden mutar. Por ejemplo, cuando existe atracción entre un hombre y una mujer, la tensión se traduce en cierta agresividad y conflicto... Estas ideas nos vienen desde la infancia. Recuerdo que había un niño que me molestaba todo el tiempo y cuando lo acusaba con la maestra ella decía: "Es que le gustas"... ¡Linda forma de demostrarlo! Al parecer, frente a eso, no había nada que hacer, había que demostrar empatía con el niño y dejarlo hacer, en lugar de enseñarle a expresar sus emociones de una forma no agresiva. Estos episodios se transforman con el tiempo, no siempre de la mejor manera, y cuando crecemos pueden convertirse en escenas de celos y drama, en gritos y llanto... en violencia. La idea de que cuando alguien te hace daño es porque te quiere mucho y quiere demostrarte que le importas es muy problemática y tiene dos posibilidades: *1)* que no te quiere, y *2)* que te quiere, pero no sabe cómo expresarlo. El amor no tiene que ser doloroso para ser verdadero, no es necesario sacrificarnos, ni sufrir ni morir de amor; tomemos a Romeo y Julieta, no les resultó muy bien eso del sacrificio y el drama... Por más que haya pasión, la violencia nos hiere y termina por lastimarnos.

Ejemplo: Es muy común el estereotipo del chico malo en películas y series. Es el personaje del hombre rebelde que es muy atractivo, aunque sus tratos sean violentos porque "en el fondo es noble", de modo que la mujer merecedora de su atención debe tener la paciencia suficiente como para encargarse de sus cuidados afectivos, sin que él se interese en el bienestar emocional de ella.

73

CABALLERO PROTECTOR

NOS REFERIMOS A LOS HOMBRES que, con el pretexto de proteger y estar preocupados por su pareja, buscan controlar sus amistades, sus horarios, sus actividades, sus espacios y su intimidad, incluso su cuerpo, con frases como: "Es por tu bien".

La idea de que las mujeres son seres débiles que necesitan la protección de un hombre, completamente falsa, ha sido utilizada para ejercer control sobre ellas. Ojo: esto no quiere decir que un hombre no pueda mostrarse amable y considerado con una mujer. La cortesía y la generosidad son rasgos que se aprecian mucho, de parte de cualquier persona hacia cualquier otra, más allá del género.

Todos los seres humanos necesitamos de otros seres humanos y es maravilloso contar con el apoyo de personas que nos quieran y se muestren solidarias. El problema es cuando esa "protección" se convierte en una limitante, que nos impide tomar nuestras propias decisiones.

Ejemplo: En varias sociedades, dependiendo de la época, se ha prohibido que las mujeres hereden, administren bienes materiales o incluso salgan del país sin permiso de su padre o de su esposo. Puede parecer un ejemplo lejano, pero no lo es si consideramos que durante el franquismo las mujeres que quisieran abrir una cuenta bancaria o salir del país necesitaban el permiso de un hombre. También se evidencia en el sufragio femenino. Pongamos el caso de un país tan próspero y con altos niveles educativos como Suiza, donde las mujeres apenas alcanzaron el voto en 1971.

74

POSESIÓN (QUÉ BELLOS SON TUS CELOS DE HOMBRE)

LA IDEA DE QUE MI PAREJA es de "mi propiedad". Decir "soy tuya" o "eres mío", por más romántico que suene en las canciones, resulta amenazante. Los celos se han visto como un gesto de amor, de que "le importas a tu pareja", quien "te quiere tanto que está celoso por ti". Nada más falso. El creer que se puede "poseer" a una persona es sumamente peligroso porque da pie a que paulatinamente lleguen nuevas expresiones de violencia, como revisar las comunicaciones, prohibir ir a un lugar, insultos, peleas o violencia física. Cuando se piensa en una persona como una pertenencia (como explicamos en el apartado de cosificación) se le arrebata su condición de ser humano y se dispone de ella como se haría con una propiedad.

En lugar de plantear relaciones basadas en la confianza y el respeto mutuo, plantear una relación desde la vigilancia y el control conlleva a violencias muy graves, como quienes persiguen a su expareja cuando termina la relación, la amenazan con daño físico o, llevado al extremo, con feminicidio. Declaraciones como: "Si no es mía no es de nadie" son una muestra.

Al revisar las cifras sobre los feminicidios, frases como la anterior toman un significado muy crudo. De acuerdo al "Estudio global de homicidios" de las Naciones Unidas, en 2017, a nivel global 87 000 mujeres fueron asesinadas y más de la mitad de ellas (58%) por sus parejas o miembros de su familia, y más de una tercera parte de estos feminicidios (30 000) fue a manos de sus parejas.

Este estudio muestra que la violencia —en todos casos condenable— opera de forma distinta de acuerdo con el género. La forma en la que las mujeres son asesinadas es distinta a la de los hombres: mientras que la mayoría de ellos muere a manos de extraños, el asesinato de mujeres alrededor del mundo tiende a ser a manos de personas que ellas conocían.[42]

Ejemplo: Las canciones de amor son una prueba de este tipo de machismo. Las hay en todos los ritmos, desde las rancheras (el alarde de dominación: "Te vas porque yo quiero que te vayas...") al rock (¡qué me dicen de la perturbadora actitud de acoso en "Every breath you take"!), y lo mismo sucede con la salsa, la cumbia, la bachata, la banda norteña y el reguetón. Las hay para todos los gustos: letras que hablan de mujeres infieles que merecen ser castigadas o desechadas, como se hace con una cosa. Cambian los tiempos, cambian los ritmos y el tono del discurso, pero la violencia persiste.

---

[42] Angela Me, Andrada-Maria Filip y Marieke Liem. "Global Study on Homicide. Gender-related killing of women and girls", Viena, Oficina de Naciones Unidas contra la Droga y el Delito, 2018. https://www.unodc.org/documents/data-and-analysis/GSH2018/GSH18_Gender-related_killing_of_women_and_girls.pdf.

MANIPULACIÓN (*GASLIGHTING*)

ESTE TÉRMINO, UTILIZADO en la psicología, se refiere a un tipo de violencia emocional muy sutil, a través de la cual se manipula a una persona para que dude de su percepción, de su memoria o de su propio juicio. El término fue tomado de una película clásica de Hollywood titulada *Gaslight* (1944), en donde un hombre hace creer a su esposa que está loca para robarle su fortuna. Por ejemplo, una de sus acciones es atenuar las luces de gas y hacerle creer a ella que brillan con la misma intensidad. Sin llegar al extremo que se presenta en la película, este tipo de manipulación ocurre de manera recurrente en la vida cotidiana. Se trata de situaciones en las que una persona trata de convencer a otra de que lo que experimenta no es verdad. Es una manera de controlar a las mujeres y les genera de manera sutil una sensación de ansiedad e inseguridad que mina su autoestima y les traslada la culpa de cualquier cosa que pueda haberlas herido o molestado. La cuestión es que cuando esto ocurre de manera recurrente, terminan por dudar de sí mismas y pierden la claridad y la confianza en sus propias percepciones: ¿seré yo la que exagera?, ¿es mi imaginación?

EDUCAR A LAS MUJERES PARA QUE SE DEN A RESPETAR Y SE CUIDEN EN LUGAR DE EDUCAR A LOS HOMBRES A NO VIOLENTARLAS

Desde los consejos hasta la infinidad de entradas en la red que explican "cómo darse a respetar", existe la idea de que las mujeres son las únicas responsables de su integridad y que si algo malo les pasa es culpa de ellas y no de quien las agrede, pues se les deposita a ellas la responsabilidad de los actos de los agresores.

Es una realidad que las mujeres somos potenciales víctimas de violencia machista en distintos niveles (desde acosos hasta violaciones o feminicidios), sin embargo, "la solución" más recurrente frente a esta amenaza no es más que un paliativo. Se nos enseña a cuidarnos de la violencia y no se atiende el problema principal: el agresor. Una actitud común es culpar a las víctimas de violencia por no "haberse dado a respetar", como si fuera su deber "ganarse" el respeto de los demás en lugar de, simplemente, ser respetadas como personas que son. Este tipo de mentalidad revictimizante es muy común y repercute en el terreno de lo público: se le "quita" responsabilidad al perpetrador y se transfiere a la víctima, lo que permite que exista la cultura de la violación.[43]

Ejemplo: Una frase muy común que escuchaba de mi abuela y de mis tías cuando era pequeña era: "El hombre llega hasta donde la mujer lo permite". Cuando crecí me di cuenta de que

---

[43] Para aclarar dudas sobre *cultura de la violación* véase el glosario.

no, que hay hombres a quienes no les importa lo que decidamos nosotras: algunos insistirán o manipularán para hacer lo que ellos quieren sin verlo como algo incorrecto porque está sumamente normalizado, otros incluso usarán la fuerza.

77

CULPABILIZACIÓN DE LA VÍCTIMA

Cuando una mujer es víctima de una agresión (ya sea acoso callejero, tocamientos o crímenes graves), una de las primeras reacciones es indagar qué es lo que hizo ella para "provocar" tal ataque: qué traía puesto, si había bebido alcohol, si habló, miró o hizo algo que de alguna forma la "colocara en riesgo". Esto lo que hace es culpar, aunque sea parcialmente, a la víctima y con ello disminuye la responsabilidad del victimario. Además este acto provoca sufrimiento añadido a la experiencia de violencia que, de por sí, genera impacto físico o psicológico. Lo peor de este tipo de machismo es que perpetúa violencias ya que quien es víctima no denuncia por miedo al escarnio social.

Esto también es un ejemplo de cómo la violencia machista, la violencia racista y la violencia económica se cruzan, ya que el concepto "culpar a la víctima" se popularizó tras la publicación del libro *Blaming the Victim* (1971) de William Ryan, en este el autor habla de cómo las condiciones estructurales son las que crean pobreza en Estados Unidos y que, por ello, culpar a las clases empobrecidas de su situación es un absurdo. El autor explica cómo es simplista culpar a la víctima para justificar las condiciones de injusticia en lugar de afrontar la correlación entre desigualdad social, racismo y pobreza. Posteriormente el concepto de "culpar a la víctima" fue adoptado para hablar de casos de violencia de género.

Vivir un acto de violencia es algo muy duro, es injusto y nadie tiene derecho a ejercerla. Culpar a la víctima de acoso, de violencia sexual o de feminicidio es algo terriblemente común en distintos espacios de la sociedad.

La violencia tiene repercusiones en la vida de sus víctimas y es usual culpar a quien la ha vivido, por absurdo que esto suene. Frases como "es que llevaba falda muy corta", "andaba borracha", "salía de noche" o "ella se lo buscó" son muy dañinas porque normalizan la violencia y crean un ambiente de impunidad que beneficia a quien agrede. Esta "doble victimización" es el motivo por el cual muchas mujeres no denuncian acosos o agresiones tan graves como una violación; tienen miedo a ser humilladas, a que no les crean, a ser criticadas.

Este tipo de actitudes revictimizantes también se muestra de forma muy evidente cuando se culpa a las mujeres a las que les robaron fotografías privadas o cuyas exparejas difunden sin consentimiento y que ellas compartieron como una práctica consensuada (y es que vivir libremente nuestra sexualidad es nuestro derecho). Para culpar a una mujer que vive su sexualidad se dicen frases como: "¿Para qué se toma fotos si no quiere que las vean? El decir "es su culpa por dejarse tomar una foto" lo único que hace es proteger a quienes cometen un abuso y coartan la posibilidad de que la víctima ejerza su derecho a denunciar y exigir justicia. Este problema es tan grave que ha cobrado la vida de mujeres que se suicidan tras el robo y difusión de sus fotografías o videos.

Otro ejemplo de cómo este machismo cotidiano repercute en lo público es un anuncio de radio de 2017 de la Comisión Nacional contra las Adicciones en México (Conadic, dependiente de la Secretaría de Salud). En él, se oía una voz de una joven mujer que sollozaba: "¿Por qué no traigo puestas mis medias? ¡Abusaron de mí, abusaron de mí!". Acto seguido, una voz masculina advertía a modo de lección: "El uso de inhalantes nunca tiene un buen final. No empieces este camino". Esto que pasó en México es tan absurdo como querer prohibir las minifaldas para evitar violaciones... ni salir de noche, ni usar drogas, ni usar faldas cortas son causales de violación o feminicidio: los causantes son quienes violan y quienes matan, nadie más.

Otro ejemplo de esta actitud dañina es cuando una mujer comparte un testimonio de violación sexual; ella expresa algo que la marcó, algo que es profundamente doloroso y frases como: "¿Estás segura de que no le coqueteaste antes?" son algo tan absurdo que es incluso ofensivo. Da igual la respuesta, da igual si hubo "coqueteo", simplemente nadie puede violar a nadie, el sexo sin consentimiento se llama violación.

78

CONSIDERAR QUE EL TRABAJO DOMÉSTICO ES SÓLO RESPONSABILIDAD DE LAS MUJERES

LA CASA COMPARTIDA es de quienes viven ahí, de ese modo las tareas domésticas deben ser repartidas. Sin embargo, los hombres son los que menos actividades de este tipo realizan y las mujeres enfrentan la famosa doble jornada: las madres llegan del trabajo para encargarse de la comida o destinan el fin de semana para la limpieza de la casa y, para poder sobrellevar la vida laboral con la familiar, el cuidado de los niños depende muchas veces de otras mujeres: las abuelas. Un ejemplo claro de cómo se conciben este tipo de tareas es la publicidad de marcas de jabones y detergentes enfocadas a "las amas de casa" y a las madres; nadie dice a los "amos de casa" ni anuncia un suavizante de ropa que recuerda al "olor de papá".

A su vez, la mayor parte de quienes se dedican al trabajo doméstico remunerado son mujeres, según la Organización Internacional del Trabajo (OIT). En América Latina hay más de 14 millones de mujeres que se dedican a trabajos de cuidado para una familia y persiste un alto nivel de incumplimiento de las normas laborales, como el hecho de que después de una larga vida laboral las trabajadoras no tienen un fondo destinado para el retiro, no pueden jubilarse y quedan desamparadas. El maltrato generalizado a las trabajadoras domésticas atraviesa distintos tipos de violencias, se correlacionan distintos niveles de discriminación: machismo, clasismo y racismo. Al ser considerados trabajos "menores" y feminizados que suceden dentro del hogar no se les otorgan derechos laborales que sí tienen otros trabajos que suceden fuera del espacio doméstico (como una fábrica o un taller), son mal pagados y los ejercen grupos sociales racializados como mujeres inmigrantes, sobre todo en países como Estados Unidos o las potencias europeas, o mujeres migrantes originarias de pueblos indígenas o afrodescendientes.

Las trabajadoras domésticas enfrentan condiciones laborales precarias como la falta de prestaciones y salarios muy bajos que no les permiten vivir de forma independiente y que se compensa con pagos en especie, como ropa usada, una habitación en la casa familiar, comida, que crean un ambiente de mayor control y verticalidad sobre las empleadas. En México es trascendente el trabajo del Sindicato Nacional de Trabajadores y Trabajadoras del Hogar, formado en 2015. Con el lema "Por un trabajo digno", este sindicato es el primero de este tipo en el país. Sin embargo, las demandas por condiciones dignas de trabajo para las empleadas domésticas no son nada nuevas y hay grupos de mujeres que lo han pedido, sin éxito, desde hace casi 100 años: por ejemplo, en 1923 en el Primer Congreso Nacional Feminista en la Ciudad de México se trataron distintos temas, como el sufragio femenino, demanda de guarderías y protección a trabajadoras domésticas.[44]

[44] Para un panorama general de esta situación recomendamos el prólogo escrito por Carlos Monsiváis de *Género, poder y política en el México posrevolucionario* (FCE, 2009).

Con el tiempo, algunos hombres han comenzado a encargarse del trabajo en casa, pero sigue sin ser igualitario y, cuando sucede, es común un tono condescendiente con comentarios como que nos "hacen un favor" o "nos echan la mano"... pero nadie "ayuda" a su madre o a su esposa en las tareas del hogar. Si tu pareja dice: "Yo te ayudo con los platos", hay que aclararle que no es "ayuda", colaborar en la casa es tarea compartida y es un trabajo colectivo.

Un ejemplo ilustrativo es una investigación dirigida por Frank Stafford, un economista de la Universidad de Michigan,[45] en la que, al estudiar los datos de familias estadounidenses de matrimonios heterosexuales durante 2005, resaltó un patrón: el vivir con un hombre equivale a siete horas de trabajo extra para la mujer, mientras que para los hombres, una esposa les aligera la carga de trabajo. Además, la situación empeora cuando tienen hijos. Una mujer casada con tres hijos para ese entonces realizaría 28 horas de trabajo doméstico a la semana, comparado con 10 horas que realizaría el esposo. Si consideramos que este estudio se realizó en Estados Unidos hace más de una década, ¿qué tanto se parecen las cosas en nuestros países y nuestras casas ahora? En México las mujeres en 2009 destinaron en promedio 39 horas a la semana al trabajo no remunerado de cuidados, mientras que los hombres poco menos de 12 horas a la semana (con datos del INEGI, 2009).

El hecho de que no exista igualdad en el espacio doméstico afecta la vida profesional de las mujeres (lo que alimenta otros machismos como "los clubes de toby", "el techo de cristal", los *manxplicadores*, etcétera).

Por otro lado, en las carreras profesionales muchas mujeres enfrentan otro tipo de desigualdad: la falta de espacios y prestaciones de las universidades (donde nos formamos para la vida laboral) o en los empleos para poder llevar la maternidad o la paternidad. Por ejemplo, son pocas las universidades

---

45 Ann Arbor. "Exactly How Much Housework Does a Husband Create?", en Michigan News, University of Michigan, abril de 2008. https://news.umich.edu/exactly-how-much-housework-does-a-husband-create/.

que tienen guarderías para quienes estudian o trabajan ahí, y a su vez, existen seguros que dan prestaciones a madres pero no para padres (como el caso del Instituto Mexicano del Seguro Social),[46] de modo que este tipo de discriminación, aparentemente contra los hombres, afecta también a las mujeres: en las normas se relega el trabajo de cuidados a nosotras, reforzando los estereotipos de género. Por otro lado, se preocupan por la "inclusión" de las mujeres en la academia, pero nos culpan si optamos por la maternidad y no "elegir" nuestra carrera, mientras no se les exige lo mismo a los hombres que son padres. ¿Quién realiza el trabajo doméstico y de cuidados en la casa de los señores exitosos profesionalmente?, ¿quién cuida a sus bebés?, ¿quién les plancha la ropa?

Ejemplo: Hombres que se declaran "incompetentes para realizar las labores domésticas" como argumento para deslindarse de la responsabilidad que implica compartir una casa, lo que Luis Bonino llama "impericias selectivas", como si las mujeres tuvieran información de cómo limpiar un baño en sus neuronas.

79

CARGA MENTAL

¿SE ACABÓ LA LECHE? ¿Había que pagar el gas? ¡Se volvió a fundir el foco del baño! Generalmente corresponde a las mujeres asegurarse de que todo funcione bien dentro del ambiente doméstico. Esto no implica solamente ejecutar las labores

---

46 Por ejemplo, el IMSS otorga el servicio de guardería a las mujeres trabajadoras, y a los hombres sólo si son viudos o divorciados y tienen la custodia de sus hijos. Ante esta situación hay casos de amparos legales, el primero fue el de Antonio Baca, quien al ser chofer tenía seguridad social y su esposa no contaba con tal seguro al ser trabajadora doméstica, lo que remite, una vez más, a la precarización de este tipo de trabajo.

que una casa y sus habitantes requieren (ir al mercado, lavar los trastes, pagar un recibo), que muchas veces se comparten, sino planear, organizar, tomar decisiones. ¿Pareciera cuestión de magia lo bien que funciona todo en casa? Pues no lo es. Las mujeres solemos asumir esta responsabilidad, aun cuando debemos dividir nuestro tiempo con otras muchas ocupaciones, trabajo, estudios, etc. No es que sea una obligación, simplemente nos resulta natural porque es lo que "se espera de nosotras". A este trabajo como administradoras/coordinadoras del hogar se le ha llamado "carga mental", un término que se utilizó a principios de la década de los noventa para referirse al esfuerzo mental que experimentaban las personas que trabajan en actividades de procesamiento de datos e informaciones, que les generaban altos niveles de fatiga y estrés. Recientemente se ha utilizado para denominar ese esfuerzo mental realizado por las mujeres para organizar el adecuado transcurrir de la vida cotidiana, una tarea muy demandante y que nunca termina: implica estar constantemente pendiente de aquello que haga falta, que necesite ser reparado, lavado, devuelto, pagado... Un peso que se hace aún mayor para aquellas que son madres o están al cuidado de alguien y que resulta sumamente estresante. El cómic de la artista feminista francesa Emma Clit,[47] titulado "Me lo podrías haber pedido", contribuyó a poner el tema sobre la mesa: en él muestra la actitud pasiva que adoptan muchos hombres en lo que se refiere a compartir las labores domésticas: esperan que sean ellas quienes den indicaciones, decidan lo que debe hacerse y coordinen las acciones.

Es muy importante que estos temas se discutan y se hagan visibles para que la gestión de la casa deje de ser una tarea de mujeres. No es suficiente con "ayudar" o repartir las tareas, es necesario compartir responsabilidades e involucrarse en los asuntos. Son escenas recurrentes y fáciles de identificar, como cuando en una comida familiar hay una mujer agotada con una lista inmensa de tareas, desde encargarse de la compra de

---

47 Emma Clit, *La carga mental*, España, Lumen, Penguin Random House, 2018.

la comida hasta poner la mesa y lavar los trastes, no sin antes atender personalmente a cada invitado, pero en el momento adecuado el hombre va al asador y cocina el plato principal, y a la hora de la comida los invitados celebran lo rico que estuvo lo que él preparó, mientras ignoran todo el trabajo previo, durante y posterior a la comida de ella. Las invitadas, sin embargo, sí se paran a recoger los trastes sucios para "ayudarle" a ella.

80

SUPERMUJER

CUIDAR EL HOGAR Y DE LOS HIJOS y la familia era el requisito para convertirse en la mujer perfecta de los cincuenta. Ese modelo ya está superado, ahora que las mujeres nos hemos integrado al campo laboral, las exigencias sociales sobre las mujeres se han complejizado. Los medios de comunicación nos dicen: "¡Ahora puedes tenerlo todo!", aunque sería más correcto decir: "Ahora debes hacerlo todo". Una mujer del siglo XXI debe destacar en su profesión, cumplir sus metas, obtener ganancias suficientes (para ser consumidoras de sus productos, por supuesto). Pero el modelo de familia persiste. La idea de la supermujer es una actualización de los modelos tradicionales de madre y ama de casa y no su desaparición: a las expectativas que existían se suman nuevas, diversificadas y adaptadas a los nuevos patrones de consumo. Así que hay que ser también una madre cariñosa y preocupada, esposa dedicada y, por supuesto, hacerse cargo del trabajo del hogar, que pocas veces se distribuye entre los demás miembros de la familia. ¿Parece mucho? Las mujeres en las películas y en la publicidad no parecen quejarse: ellas además tienen tiempo para regímenes de ejercicios y tratamientos de belleza para verse impecables (de acuerdo con el *look* de moda que el mercado propone, claro

está), muy sexys y dispuestas a estar con su pareja, una vez que terminaron su interminable lista de quehaceres del día. Por supuesto, esto sólo sucedería si tienes superpoderes o eres una de las esposas robots de la perturbadora película *Las mujeres perfectas*;[48] NADIE puede cumplir con este modelo que disfraza de libertad y éxito la sobreexplotación y vivir para contarlo.

81

MUJERES CUIDADORAS

HACE UNAS SEMANAS MI ABUELA se enfermó. Aunque ella vive fuera de la ciudad, acompañada de sus cuatro hijos, mi madre, su única hija mujer, tuvo que tomar un avión e ir a cuidar de mamá porque sus hermanos son demasiado bruscos y torpes para hacerlo. Así es, tanto hombres como mujeres tenemos introyectados estos roles hasta la médula. La idea de que las mujeres somos por naturaleza "amorosas y abnegadas" y que de manera instintiva demostramos nuestro amor mediante los cuidados ha sido la trampa que ha dejado a nuestro cargo el cuidado de los hijos y de los enfermos. Esto deriva en que los cuidados muchas veces no sean considerados como un trabajo, sino como un acto de amor y una obligación moral por parte de las mujeres, de modo que el no asumir esta responsabilidad puede llevar a la culpa y la estigmatización. ¿Se habla de un mal hijo cuando este no se hace cargo de sus padres ancianos? ¿Se habla de un mal padre cuando este no falta al trabajo para quedarse a cuidar de su hija con fiebre? ¿Se contrata a un cuidador para encargarse de un enfermo?, ¿o a un niñero? Cuando se trata de buscar ayuda para los cuidados, tanto remunerada como no remunerada, se busca a una mujer de forma casi inconsciente. Es muy interesante observar cómo la mayoría de

---

48 Adaptación de 2004 de la novela de Ira Levine *The Stepford Wives* (1972).

las mujeres, tanto las escolarizadas como las que generan ingresos o son reconocidas socialmente, acepta los cuidados como "un destino", como señala Marcela Lagarde, cada una haciéndose cargo desde su condición de supermujer empresaria, obrera, trabajadora, indígena, ama de casa, etcétera.

Vivimos en un mundo en donde el capitalismo salvaje y el Estado no ofrecen garantías a la ciudadanía que apoyen el trabajo de cuidados a través de guarderías y asilos dignos, de modo que el trabajo de cuidados, por un lado, está teniendo mayor demanda en los países con mayor riqueza. Por otro lado, en muchos países no es remunerado adecuadamente y expone a las mujeres a la precariedad y a la violencia económica o a cumplir con una jornada de trabajo en sus hogares adicional a la que llevan a cabo en un trabajo remunerado.

82

ASUMIR QUE TODAS LAS MUJERES SON MADRES EN POTENCIA

EL ASUMIR QUE LAS MUJERES son madres en potencia, programadas "por naturaleza" para reproducirse (a menos que tengan alguna enfermedad, lo que las convierte en excepciones). Esta creencia tan arraigada justifica tanto la presión social que, sin pudor alguno, cualquier persona se siente con el derecho de preguntarle a una mujer, a veces incluso sin conocerla, sobre sus decisiones y su cuerpo: "¿Para cuándo los hijos?", o se le hace notar que "ya se le está pasando el tren". Actualmente las mujeres desempeñan trabajos muy variados y existe una infinidad de caminos y estilos de vida posibles, sin embargo, la idea de que la vida de una mujer no está completa hasta que no es madre persiste: se piensa que todas las mujeres tenemos "un instinto maternal" y tarde o temprano saldrá a la luz.

En efecto, muchas mujeres tienen la posibilidad biológica de embarazarse, otras no la tienen, pero ninguno de los dos casos tiene por qué ser motivo de escrutinio público y las mujeres no tienen por qué dar explicaciones con respecto a una decisión tan personal como lo es tener o no tener hijos.

Ejemplo: Este tipo de machismo es muy común durante la vida reproductiva de las mujeres (o posterior a esta, cuando se habla de forma negativa de las que no tuvieron hijos) y sucede en muchos ámbitos. Uno de los más visibles es en el caso del periodismo de espectáculos, en el que se busca a como dé lugar la "exclusiva" del embarazo de una actriz o cantante famosa. Así sucedió en 2016 con la actriz, directora y productora estadounidense Jennifer Aniston, quien cansada del constante acoso de la prensa escribió una columna sobre ello en HuffPost: "Para que conste: no estoy embarazada. Lo que estoy es harta. Harta de ese escrutinio y de ese afán por hacer sentir mal a alguien por su cuerpo con el pretexto de estar haciendo periodismo". El caso de Aniston en el mundo de los espectáculos es sintomático de un modo de pensar que afecta a muchísimas mujeres, famosas o no.

83

AMAMANTAR EN PÚBLICO

NUESTRA ESPECIE PERTENECE a la familia de los mamíferos porque poseemos glándulas mamarias: así de simple, formamos parte de los *Mammalia*. Aun así, hay quienes se molestan e indignan si alguien alimenta a su bebé en espacios públicos, un acto tan natural y tan importante para la sobrevivencia. Para estas personas amamantar es un tabú, consideran que es algo desagradable, que debería de hacerse en privado. Esto se debe a que los senos son sumamente sexualizados en nuestra sociedad y, pese a que los vemos en todas partes, ya sea en comerciales de lencería o anuncios espectaculares que lo mismo venden coches que lociones, hamburguesas o cervezas donde aparece una modelo con un gran escote o en bikini, al parecer en ese contexto no hay ningún problema. Es hipócrita: los senos están bien si están para complacer a los hombres, pero no si se trata de una madre que amamanta. En muchas partes del mundo si una mujer decide hacer algo tan necesario como alimentar a su bebé, se le juzga, se critican sus maneras, pero en otras culturas esto es algo perfectamente aceptado, lo mismo en Ghana con las madres de la cultura ashanti que una madre makuna en el Amazonas. Podemos dejar de ver el cuerpo desde el rechazo y los prejuicios y optar por respetar el derecho de quien amamanta a decidir cómo y dónde, pues al final es un acto que sólo involucra a dos personas.

Ejemplo: ¿Tú comerías en el baño? Cuando a una mujer le piden que se retire al baño para amamantar a su bebé le están pidiendo que haga algo incómodo para ella y además muy poco higiénico.

LOS HIJOS SON DE LAS MUJERES

SOCIALMENTE SE ASUME que la crianza de los hijos es responsabilidad de las madres, al tiempo que es aceptado que la participación de los padres sea distante. El otro día, por ejemplo, un amigo declinaba mi invitación a tomar un café porque, citando sus palabras, "su esposa lo había dejado de niñera". ¿Se puede ser niñera de tus propios hijos? ¿Y por qué habló en femenino? ¿Es que cuidar niños es exclusivamente una tarea femenina? Está tan normalizado que sea así que los padres interesados en involucrarse más en la crianza y generar vínculos más profundos con sus hijos se enfrentan con numerosas limitantes.

Ejemplo: Los espacios públicos se diseñan con esta lógica machista. Por ejemplo, los cambiadores de pañales en los sitios públicos siempre están en los sanitarios para mujeres. Se asume que serán ellas las que realizarán esa tarea sin dejar margen a otras posibilidades. ¿Qué pasa cuando un padre soltero lleva consigo a su bebé? O, más complicado aún, cuando un papá debe llevar al baño a su hija pequeña, ¿qué hace?

EL SACRIFICIO DE LA MATERNIDAD

LA IDEA DE QUE SER MADRE IMPLICA sacrificio está profundamente relacionada con el pensamiento judeocristiano, sobre todo con el cristianismo y la glorificación de la maternidad, del sacrificio, de la renuncia y la entrega total que exige serlo. En nuestra cultura ser madre se considera la realización de la mujer, "lo más hermoso" que puede pasarnos y así debe de ser vivido. Cualquier aspecto que parezca negativo o poco apetecible permanece en silencio, de este modo se vuelve tabú el expresar las problemáticas de ser madre. Una buena madre es aquella que no se queja, no recrimina, siempre es comprensiva, que sufre en silencio los reveses, que lucha y pierde su individualidad, como si renunciara a ser ella misma.

Hay un juicio social a una madre que no pone a sus hijos por encima de todo y está dispuesta a cualquier sacrificio por ellos, pero no al padre, que puede desentenderse de sus hijos por realizar sus propias actividades sin sanción social.

Ejemplo: El otro día leí un mensaje en las redes que decía algo como esto: "Queridxs amigxs, me he dado cuenta de que no puedo más, no puedo continuar con la crianza de mis hijos. Me ha alejado de mis proyectos y de todo aquello que me hace ser quien soy, al grado de que me cuesta trabajo reconocerme. A partir de ahora les llamaré dos veces por semana para saber cómo están y decirles que los extraño y los visitaré los fines de semana, para llevarlos a pasear y compartir tiempo de calidad con ellos".

Los comentarios que recibió en respuesta iban casi todos por el estilo: "Pero ¿cómo? ¡Los niños necesitan a su madre!, ¿es que te has vuelto loca?"

Si este mensaje hubiera estado en el muro de un hombre, no habría suscitado ningún comentario, nos parece absolutamente normal y, de hecho, describe la relación que millones de padres mantienen con sus hijos. El problema es que estaba publicado en el muro de una mujer, la madre, de la que se espera que el sacrificio venga de manera "natural".

86

UNO MÁS

CUANDO LOS PADRES se deslindan de las responsabilidades y su participación es solamente en las actividades por las que sienten algún interés o las más divertidas, por ejemplo, son las mamás quienes deben encargarse de la supervisión de las tareas escolares, de la cita con el dentista o de comprar zapatos nuevos. Mientras que los papás adoptan el rol del compañero de juegos, son divertidos, son quienes se ocupan de comprar helados, de las cosquillas y los partidos de futbol.

87

EL HOMBRE PROVEEDOR Y JEFE DEL HOGAR

MUCHOS HOMBRES TIENEN tan interiorizado el deber ser proveedor de la familia, el jefe del hogar, que se sienten amenazados cuando trabajan con una mujer que está por encima de ellos en la jerarquía o cuando su pareja gana más que ellos porque pone en duda "su hombría". A su vez esto está relacionado con más prejuicios, como el de que hay "carreras de hombres" y "de mujeres" y que las primeras merecen una mejor paga que las segundas. También con pensar que el trabajo doméstico y de cuidados es responsabilidad de las mujeres y que los hombres deben de proveer el dinero para la casa: un hombre que se queda a cuidar a los hijos y a limpiar "es menos hombre", "un mantenido" o "un mandilón" porque, del mismo modo, se considera "inferior" o "menos importante" el trabajo doméstico. Lo que resulta a su vez problemático si además se toma en cuenta que existen muchos tipos de familias, ya sean monoparentales o con padres o madres del mismo género y cada grupo familiar decide cómo se reparten las responsabilidades.

88

DISYUNTIVAS. LA NECESIDAD DE OPTAR POR EL ÉXITO LABORAL SOBRE UNA FAMILIA

HAY MUJERES QUE DECIDEN llevar su carrera profesional de forma exhaustiva; además de enfrentarse a condiciones de discriminación desde su primer trabajo (como el acoso,[49] la desigualdad salarial, los *manxplicadores* que interrumpen, etcétera) también tienen que aguantar comentarios en los que se critica su ambición, su frialdad o su testarudez (a diferencia de cuando se refieren a los hombres líderes, racionales y persistentes).

Ejemplo: A él no se le pregunta cómo conjuga su trabajo con su vida personal si tiene una familia, pero si una mujer tiene una familia y un puesto directivo se le cuestiona al respecto o causa sorpresa. Esto es porque se asume que las tareas del cuidado de los hijos son responsabilidad de ella.

---

49 En el primer trimestre de 2019 en México más de 23 000 personas abandonaron su empleo por acoso y discriminación, de acuerdo al Instituto Nacional de Estadística y Geografía (INEGI). Rubén Migueles. "Abandonan empleo más de 23 mil por acoso y discriminación", *El Universal*, 8 de julio de 2019.

89

ACOSO CALLEJERO: HOMBRES QUE SIGUEN A MUJERES Y LAS INTIMIDAN CON SILBIDOS, PIROPOS, ETCÉTERA

SUCEDE CON PERSONAS DESCONOCIDAS que en el espacio público (las calles, el transporte público, las plazas) ejercen de forma unidireccional (ya que no hay ningún consenso) actitudes de carácter sexual, como chiflidos o comentarios sobre su cuerpo o apariencia e incluso actos como seguir o tocar a una mujer. A los gritos les llaman "piropos", pero no hay nada halagador en ello. Estas situaciones vuelven hostiles los espacios públicos para las mujeres adultas, adolescentes e incluso niñas.

Si los hombres viven su despertar sexual mirando pornografía, las mujeres viven este despertar padeciendo acoso. En ambos casos las mujeres son cosificadas o vistas como objetos.

Este tipo de acoso está tan normalizado que para muchas mujeres es simplemente una experiencia más en su día mientras caminan por la calle. Muchas veces, cuando una mujer reclama frente a este tipo de gestos, obtiene como respuesta comentarios como: "No es para tanto, ni que estuvieras tan buena", como si las mujeres debieran sentirse agradecidas por ser consideradas "deseables". Sin embargo, lejos de resultar agradables, a veces llevan a una mujer a sentirse verdaderamente amenazada y es un constante recordatorio de que alguien considera que tiene poder sobre ella. ¿Qué lleva a un hombre a gritar palabras obscenas a una mujer que no cono-

SI A USTED LE INDIGNA QUE NOS INDIGNE EL ACOSO:

A. USTED HA NORMALIZADO QUE EXISTAN PERSONAS QUE MERECEN SER ACOSADAS Y OTRAS QUE MERECEN ACOSAR.

B. USTED ES UN ACOSADOR.

C. USTED ES UNA BESTIA.

D. TODAS LAS ANTERIORES.

ce de nada? Lejos de buscar agradarle o entablar contacto con ella, estos gestos, dichos y actos son un ejercicio de poder y tienen como fin intimidar, limitar, dominar y controlar la movilidad de las mujeres en el espacio público que, de por sí, ya es en muchos casos un espacio hostil para quienes lo transitan a pie o en bicicleta.

90

HORARIOS LIMITADOS

CON FRECUENCIA, LAS CHICAS deben volver a casa más temprano que los chicos cuando salen de fiesta. ¿El argumento? El espacio urbano ha sido definido como un lugar que no es propio de las mujeres, ya que puede resultar peligroso y hostil. Más aún si es de noche.

Sí, por supuesto, para todos y todas la oscuridad puede resultar peligrosa (la infraestructura de las ciudades no ayuda: calles solitarias, iluminación inadecuada, escasa disponibilidad y frecuencia de los medios de transporte), pero como mujeres sabemos que bajo ese riesgo potencial, cuando algo ocurre se convierte, de algún modo, en nuestra responsabilidad. Si algo le pasa a un hombre durante la noche, se reacciona, se lamenta, se denuncia, pero si le pasa a una mujer, la primera reacción será: "¿Pero qué hacía afuera a esas horas?"

Es como si la noche fuera un espacio vedado, en el que somos intrusas. Nos lo repiten una y otra vez las restricciones familiares: "Es muy tarde para que una mujer ande en la calle", las recomendaciones: "Bueno, sólo si te acompaña tu hermano", y la ola de noticias sobre mujeres a las que les pasan cosas terribles durante la noche: podemos aventurarnos, pero será bajo nuestro propio riesgo.

El camino de regreso del colegio me pone muy nerviosa por todas las cosas que me gritan y cómo me miran.

La oscuridad es el espacio en el que pasan las cosas que bajo la luz del sol no son bien vistas. Antiguamente se pensaba que las mujeres que salían de noche eran indecentes, participaban de esos "vicios" que en los hombres no parecían un problema para nadie, pero para las mujeres era un estigma y la justificación de cualquier cosa "que pudiera pasarles". De hecho, "mujer de la noche" solía usarse como un eufemismo de prostituta. Las mujeres "buenas" debían permanecer en casa mientras estaba oscuro afuera. Por supuesto, esto era una restricción que solo las mujeres que no necesitaban salir a trabajar a "deshoras" podían cumplir, es decir, ser consideradas decentes tenía que ver con una cuestión de clase social.

En la actualidad las mujeres salimos a divertirnos por la noche, prácticamente a todos los sitios que queremos. Eso sí, hay que andarse con cuidado, tomar en cuenta una estrategia segura para el regreso a casa, de preferencia ir acompañada (¡ah!, pero cuidado si te pasas de copas porque te lo habrás buscado...). Además, no sólo salimos por la noche para divertirnos. Hay quienes entran muy temprano a trabajar o a la escuela, salen a correr, tienen que recorrer largas distancias, terminan sus compromisos tarde, necesitan algo para la cena, tienen una emergencia, o simplemente quieren tomar aire fresco. Cualquiera que sea el motivo, somos libres de movernos por donde queramos. Bajo ninguna circunstancia tener miedo debe ser normal, ni la noche tiene por qué ser un espacio vedado para nadie.

Ejemplo: En enero de 2019 una diputada local de Veracruz propuso la implantación de un toque de queda a partir de las 22:00 horas para "proteger" a las mujeres de la violencia descontrolada que azota al estado. "Si se cubren, si se protegen durante la semana o evitan ponerse en riesgo no es coartar su libertad, la vida no tiene precio", aseguraba la mujer. Este tipo de planteamientos refuerzan la idea de que la noche no es hora para las mujeres; si nos arriesgamos a salir seremos responsables de la violencia sin remedio. La única solución que pudo pensar la diputada es renunciar a nuestra libertad de desplazamiento (con el argumento de que es por nuestro bien), en lugar de generar medidas que detengan a los criminales.[50]

91

HACERSE DE LA VISTA GORDA

ATESTIGUAR UNA SITUACIÓN de violencia y no hacer nada, ser indiferente. No siempre es fácil intervenir en una situación de acoso, hay ocasiones en que, como personas que atestiguan el hecho, podemos sentirnos amenazadas o en peligro. Sin embargo, en la mayoría de los casos este tipo de situaciones no implica mayor amenaza que la desaprobación social. Muchas veces, cuando escuchamos que nuestros amigos acosan a una mujer en la calle o cuando comparten fotos que les fueron enviadas en privado con los demás amigos, nos reímos o, en el mejor de los casos, guardamos silencio, aunque no estemos de acuerdo con ese trato. A veces ni siquiera nos detenemos a pensarlo. ¿Qué pasaría si dejamos de reírnos? ¿Si decimos que no nos parece bien y que no participaremos?

Estamos tan habituados y habituadas a ver que el profesor humilla a nuestras compañeras cuando expresan sus opiniones, a que el jefe haga comentarios inapropiados a las más jóvenes de la oficina o a que las mujeres reciban "piropos" cuando caminan por la calle, que no hacemos nada al respecto, como si fuera inevitable. Con nuestro silencio, cuando decidimos desviar la mirada y fingir demencia, estamos solapando que estas prácticas continúen. Si queremos una sociedad más igualitaria y libre de violencia, ante una situación de injusticia o abuso no

---

50 "Diputada de Morena en Veracruz propone toque de queda para prevenir feminicidios", *Animal Político*, 21 de enero de 2019. https://www.animalpolitico.com/2019/01/diputada-toque-de-queda-veracruz/.

podemos permanecer neutrales. Es terrible alzar la voz para señalar que alguien te ha agredido y encontrarte con que todas las personas a tu alrededor desvían la mirada. La empatía puede ser nuestra arma secreta para combatir estos abusos.

Ejemplo: Poco a poco me he hecho consciente de más cosas que antes ignoraba o trataba de ignorar, a partir de entonces siempre que veo que algún conocido dice o hace algo que incomoda a una mujer lo confronto. Me ha costado mucho trabajo aprender a hacerlo y armarme de valor; es un proceso que puede ser incómodo e incluso doloroso, pero que al final me hace sentir tranquila conmigo.

92

RESPETAR A UNA MUJER PORQUE ES HIJA, MAMÁ O HERMANA DE UN HOMBRE

NO PODEMOS CONTINUAR con la noción de que una mujer vale en tanto su relación con alguien más, una persona tiene valor propio y debe de ser respetada, del mismo modo sus derechos deben de ser validados. Con frecuencia se utilizan frases como: "Imagínate que es tu hermana o es tu mamá" para buscar empatía, si bien puede ser algo bueno tratar de que exista un sentimiento de identificación hacia los sentimientos de otra persona o sus circunstancias, resulta muy problemático tratar a las mujeres como personas de segunda categoría que merecen ser respetadas por su relación con un hombre al que socialmente le otorgamos un "estatus" mayor.

Ejemplo: Un caso muy ilustrativo fue la campaña publicitaria #NoEsDeHombres que lanzó el gobierno de la Ciudad de México en 2017, la cual buscaba cambiar las conductas "normales" de los hombres en el transporte público y consistía en carteles en los que se mostraban hombres con miradas lascivas acompañados de la leyenda "Este es el morbo con que miran a tu mamá (hermana o novia) todos los días". Aunque esta estrategia pueda haber hecho reflexionar a algunos hombres y pensarlo dos veces antes de acosar a una mujer en el metro, los argumentos apelan a aquellos hombres que han sido educados con el modelo de hombre protector en contraparte de la mujer indefensa, subordinada a su supervisión: "Si no quieres que le pase esto a TUS mujeres, no lo hagas a las mujeres DE OTROS". Remite a las lógicas de castigo del siglo XIX, cuando, si una mujer era agredida, el ofendido era su guardián o tutor, es decir, un padre o un esposo, un hombre cuyo honor y acceso exclusivo se pone en entredicho, como si se tratara de mercancía dañada por la que había que retribuir al dueño. Las mujeres como personas debemos ser respetadas por nosotras mismas, sin importar si somos madres, hijas, hermanas, nietas, sobrinas, esposas, amantes, amigas, vecinas o lo que sea de un hombre.

¿Qué pasaría si estos anuncios hubieran apelado a su propia experiencia en el transporte público, a lo que se siente que alguien que no conoces busque intimidarte, es decir, no a través de lo que consideran sus posesiones o su responsabilidad, sino de sus propios cuerpos?

93

MANSPREADING

UNA TRADUCCIÓN EN ESPAÑOL podría ser despatarramiento masculino. Este término nace en inglés al referirse a los hombres que se sientan con las piernas abiertas en el espacio limitado del transporte público, de modo que ocupan más lugar que su asiento y con ello limitan el espacio de alguien más e incomodan con el contacto innecesario de sus piernas estiradas. El término se popularizó tanto en distintas redes sociales, que en 2015 fue agregado al Diccionario de Oxford de la lengua inglesa.[51]

Resulta muy sintomático observar la forma distinta en que nos apropiamos del espacio público hombres y mujeres. Es frecuente que los hombres se sientan autorizados a ocupar la mayor porción de espacio posible, invadiendo el espacio de las mujeres que tienen al lado en el metro, en el autobús, en el avión o en la sala de espera.

Estos gestos expansivos hacen evidente esa arraigada idea de que el espacio público es el lugar de los hombres (y no el de las mujeres) y que, además, ellos tienen la prerrogativa de poder mostrar sin problema el espacio de sus genitales al abrir las piernas, a diferencia de una mujer que debe ir siempre sentada con las piernas bien cerradas, "como señorita".

---

51 Jessica Leigh Hester, " 'Manspreading': Now Taking Up Space in the Oxford English Dictionary", en Citylab, agosto de 2015. https://www.citylab.com/life/2015/08/manspreading-now-taking-up-space-in-the-oxford-english-dictionary/402592/.

NO TODOS LOS HOMBRES

UNA MUJER SE QUEJA de los acosos que recibe diario en la calle y le responden con un clásico comentario que no es empático: "No todos los hombres" o un "Las mujeres también acosan". Nos dicen hasta el cansancio esta perogrullada, como si ignoráramos la obviedad de que no el cien por ciento de los hombres acosa, agrede, viola o mata y que también las mujeres pueden ser victimarias. Evidentemente no ocurre que todos los hombres sean unos criminales, pero lo que sí ocurre es que vivimos en un mundo en que, en términos generales, las mujeres y las minorías sexuales sufrimos de violencia machista y los hombres son beneficiados por las relaciones verticales del patriarcado porque hay un ambiente de impunidad generalizada. Cada vez que alguien interrumpe una charla con un argumento falaz[52] como "no todos los hombres", lo único que logra es desviar la conversación sobre un problema sistémico y con ello logra deslegitimar la vivencia de las mujeres y, al distraer el argumento, también impide la posibilidad de encontrar soluciones. Cada vez que se dice "no todos los hombres" se silencia un testimonio: no aporta al debate, sino que le estorba. Esta frase es tan común que en inglés el *not all men are like that* lo abrevian a veces como NAMALT en tono satírico.

---

[52] Una falacia es un argumento que parece válido, pero no lo es, viene del latín *fallacia*, que quiere decir engaño. Que un hecho sea verdadero, por ejemplo, que "no todos los hombres acosan", no quiere decir que el argumento deje de ser falaz, ya que simplemente el argumento utilizado para defender esa premisa no es un argumento válido.

95

EXPUESTAS

EL TRATAMIENTO QUE SE DA en los medios de comunicación a las mujeres, víctimas de abuso, violación o feminicidios es absolutamente sesgado. Cuando las mujeres son asesinadas por sus parejas en episodios de violencia de género, muchas veces con antecedentes, suele decirse que "aparecieron sin vida" o que "fueron halladas muertas", como si solitas hubieran aparecido ahí y su muerte no fuera más que una característica, es decir, se distrae la atención del hecho: fueron asesinadas y además fueron asesinadas por ALGUIEN. En este tipo de informaciones se desvía la atención del agresor y suele protegerse su identidad. Las identidades de ellas, en cambio, son expuestas e incluso se presentan fotografías explícitas de cómo fueron encontradas. Esta explotación morbosa del cuerpo de las mujeres que vulnera su dignidad y su derecho a la privacidad es un problema ético que, a pesar de los manuales y recomendaciones que se han elaborado para el tratamiento de estos casos, sigue ocurriendo con mucha frecuencia y, por lo mismo, pasa desapercibido a los ojos de quienes miran o leen materiales de esta naturaleza.

REPRESENTACIÓN LIMITADA EN LOS MEDIOS

CON FRECUENCIA LAS IMÁGENES de mujeres que vemos en los medios de comunicación están basadas en estereotipos que contribuyen a perpetuar la desigualdad de género. Solemos encontrarnos con personajes femeninos débiles, pasivos, cuyo atractivo sexual parece ser su principal característica, ya que hablan poco y expresan pocas opiniones. Mujeres blancas que sólo se preocupan por su apariencia y por arrasar en las ofertas de fin de temporada. Es decir, siguen ancladas a los roles tradicionales, asociados a la familia y el ámbito de lo doméstico, en actitudes sumisas, dependientes y románticas.

Algunas críticas y creadoras de la industria del espectáculo han desarrollado pruebas sencillas para analizar los contenidos de las películas y la televisión y evaluar si la presencia de las mujeres es equitativa y si el tratamiento que se les da a sus personajes sale de los estereotipos no sólo de género, sino también de raza y clase social, o contribuye a perpetuarlos: por poner un ejemplo, las mujeres de origen latino (ya sean latinoamericanas o españolas) en las películas parecen destinadas a papeles de trabajadoras domésticas o de bombas sexuales, y a veces la combinación de ambas.

Aunque durante las últimas décadas la presencia de las mujeres en los medios ha aumentado notablemente, sigue siendo considerablemente inferior en comparación con los hombres. El Proyecto de Monitoreo Global de Medios de 2015, un estudio que se realiza cada cinco años en más de 100 países, revela que, a pesar de los avances en este campo, en el caso de España las mujeres son sólo 28% de los sujetos y fuentes de las noticias en los medios tradicionales, y 33% en los nuevos medios e internet Más allá de los datos cuantitavos, la pregunta central es qué mujeres vemos en los medios y cómo son representadas y qué mujeres permanecen invisibles.

Ejemplo: Una de las primeras pruebas para la evaluación de la presencia de las mujeres en los medios es el test de Bech del (diseñado en 1985 por la caricaturista Alison Bechdel), según el cual una película o serie de televisión puede considerarse machista si no aparecen al menos dos mujeres; los personajes femeninos deben hablar entre sí en algún momento y la conversación debe referirse a otros temas que no sean los personajes masculinos.[53] ¿Tu serie favorita pasa la prueba?

97

ENORGULLECERSE DEL USO DESMEDIDO DE LA FUERZA

ANTE LA EXIGENCIA SOCIAL de que el hombre "debe de ser fuerte", una práctica recurrente de este tipo de masculinidad tóxica es competir para medir su "hombría" a través del uso de la violencia. Se valora a quien gana más peleas o a quien le hace más daño a alguien más. El ganador se siente orgulloso por ser el dominante, por ejercer poder. Este sometimiento puede realizarse con fuerza física como los golpes, o con violencia psicológica como la manipulación (véase el apartado de *Gaslighting*). Evitar la humillación de no cumplir con las expectativas puede llevar a muchos hombres a finales peligrosos.

---

53 Después de esta prueba han surgido muchas más, como el test de Uphost, de Piercel o el Ko test, entre otros, que incorporan nuevos elementos a la prueba para hacer visibles otros estereotipos y exigen que en los equipos de realización haya mujeres, que se incluyan mujeres no blancas entre los personajes y se dé cuenta de la interseccionalidad de la lucha.

Es muy delicado porque, como todos los actos de violencia, escala paulatinamente y ese tipo de sometimiento se traslada también en el terreno de lo sexual: golpear, violentar o forzar de un modo u otro a alguien más (como a otros hombres o al "sexo débil", las mujeres) para tener relaciones sexuales, o sea violarles.

Hay muchos ejemplos en la cultura de cómo los hombres, en una actitud de abuso de poder y de enorgullecimiento por ser "fuertes" física o mentalmente, abusan de las mujeres. Usualmente se tiende a asociar este tipo de violencia manifestada en productos culturales con géneros musicales como el reguetón o la música ranchera mexicana, pero esto no es endémico de las expresiones culturales latinoamericanas. En la cultura estadounidense (la de mayor alcance e influencia en el mundo) existen muchísimos ejemplos de esto.

Uno de ellos es el éxito comercial de 2013 "Blurred Lines" de Robin Thicke. Con un video en el que aparecen modelos semidesnudas y hombres completamente vestidos, el lenguaje corporal y facial de ellas es de inocencia (las infantilizan) o de complacencia hacia ellos, y el de ellos de seguridad, ellos cantan mientras ellas se mantienen en silencio. La letra de la canción es una en la que el hombre asume lo que quiere de ella: "Buena niña, yo sé que quieres", como si ella no fuera capaz de decidir, y trivializa que un "no" significa "no", mientras las cosifican y manipulan: "Ahora él estuvo cerca, trató de domesticarte, pero tú eres un animal, nena, está en tu naturaleza, déjame liberarte". Cabe resaltar que al principio del video sin censurar (hay dos, uno es de acceso restringido para mayores de edad, porque se muestran los cuerpos de las mujeres) aparece escrito en mayúsculas: *Robin Thicke has a big dick*... porque claro, un pene grande es motivo de orgullo, por su capacidad para someter.

Otro ejemplo es "Sex you back to sleep" de Chris Brown, en cuya letra Brown habla de cómo no le importa lo que opine su pareja, la calla: "No digas una palabra, no vayas a hablar", "sólo déjame sacudirte, cogerte hasta que vuelvas a dormir" (*just let me rock-fuck you back to sleep girl*). Este ejemplo musical es aún más turbio si pensamos que, fuera de los escenarios, el cantante fue arrestado en 2009 por violencia doméstica contra su entonces pareja, la cantante Rihanna.

En el terreno del cine hay muchísimos casos de un hombre héroe de acción, dominante y violento. Un buen ejemplo son las películas protagonizadas por un ícono de la masculinidad: Harrison Ford. Uno que gana batallas, somete a sus enemigos y siempre logra lo que quiere, ya sea como Han Solo, Dr. Indiana Jones o Rick Deckard, el protagonista de la película de culto *Blade Runner* (1982), quien en una escena de violación aprovecha un momento de vulnerabilidad del personaje de Rachael. Mientras él se le acerca, ella muestra que no está interesada en un encuentro sexual con él y camina hacia la puerta buscando salir. Él le bloquea la salida con uso de la fuerza, la mira con coraje, la empuja hacia la pared, la obliga a besarlo y le hace decir "bésame" y "yo te deseo", forzando así el consentimiento y haciéndola sentir responsable de lo que va a suceder... la manipula, es un depredador. Luego de estas agresiones ella parece "aceptar" estar con él (claro, no puede escapar). Lo problemático de estas escenas es que hacen prevalecer la falsa idea de que las mujeres reaccionan de forma positiva ante un macho violento y que "en el fondo ellas no saben lo quieren", pero ellos sí saben lo que desean las mujeres. Ellas no eligen, no hay consenso, ellos pueden insistir con o sin violencia física y no aceptan un no como respuesta, al igual que en las letras de las canciones antes citadas.

Hay quienes defienden esta escena porque ella es (según descubre el mismo Deckard) una *replicante* (una especie de robot en esta distopía) y pareciera que por eso se justifica la violación. Pero ella piensa como una mujer humana, se considera a sí misma como una mujer humana, se ve como una mujer humana, lo que las personas ven en el cine es una violación a una mujer humana pero que es romantizada en un ambiente con música de saxofón y piano al inicio y al final de esta. Una violación que pasa desapercibida porque la hemos normalizado, de hecho, aparece en el buscador de YouTube como *Blade Runner love scene*. Sobra decir que el filme fue dirigido (Ridley Scott) y escrito (Hampton Fancher y David Peoples) por hombres.

Por si fuera poco, en *Blade Runner 2049* (2017) Rachael es fecunda como una mujer humana y nos enteramos de que tiene una hija cuyo padre es Deckard. Está tan normalizada la escena violenta de la película de 1982 que en el *remake* de 2017 se habla de la relación entre ellos como si se tratase de una relación amorosa. Esto es sumamente problemático porque las violaciones se deben abordar como los actos de abuso y delitos que son, y no romantizarlas como la conquista de un hombre "fuerte" sobre el "sexo débil".

98

EXIGIRLE COMPRENSIÓN, POR NO DECIR SILENCIO, A LA VÍCTIMA

DENUNCIAR UN CRIMEN NO ES FÁCIL, sobre todo cuando el sistema de justicia no funciona correctamente. Pero es aún más difícil denunciar violencia sexual o doméstica, ya que al hacerlo la víctima se expone todavía más: conlleva miedo a estigmas, humillaciones y la vulnerabilidad de hablar de temas privados en un contexto público. Este tipo de crímenes lo viven tanto varones como mujeres, pero la mayoría de las víctimas de estos delitos son mujeres e infantes, y casi todos los perpetradores son hombres.[54] Ante la ya difícil situación de hablar sobre la violencia de la que una mujer es víctima se suma una exigencia terrible: la de que ella debe tener comprensión y empatía por el agresor. Frases como: "Tiene una familia", "tiene una vida", "que no se vaya a enterar su esposa", "si acusas a tu tío vas a destruir a la familia", vuelven aún más tortuoso el camino.

A las víctimas se les exige una actitud de mártires ante la violencia y se les atribuyen, otra vez, estereotipos injustos: las mujeres tienen que ser piadosas, comprensivas, bondadosas, incluso ante sus violentadores; si ella se atreve a hablar es "una mala mujer". Además, esto hace que se perpetúe la impunidad, y quien agrede sabe que puede continuar sin que alguien lo limite.

Lo que cada quien decida hacer con su testimonio y la forma en que enfrenta lo que ha vivido debe ser respetado, incluso si la víctima decide no hablar sobre su caso, es su decisión y nadie puede exigirle hacer algo contra su voluntad; denunciar es su derecho.

---

54 Por ejemplo, de acuerdo a la Organización Mundial de la Salud, para inicios del siglo xxi la violencia contra la mujer —especialmente la ejercida por su pareja y la violencia sexual— constituye un grave problema de salud pública. Las estimaciones mundiales indican que alrededor de una de cada tres mujeres en el mundo ha sufrido violencia física o sexual por parte de su pareja o violencia sexual por terceros en algún momento de su vida. A nivel global casi un tercio de las mujeres que han tenido una relación de pareja refiere haber sufrido alguna forma de violencia física o sexual por su parte, y 38% de los asesinatos de mujeres que se producen en el mundo es cometido por su pareja masculina. Etienne Krug *et al..* "Informe mundial sobre la violencia y la salud", Washington, Organización Mundial de la Salud, 2003.

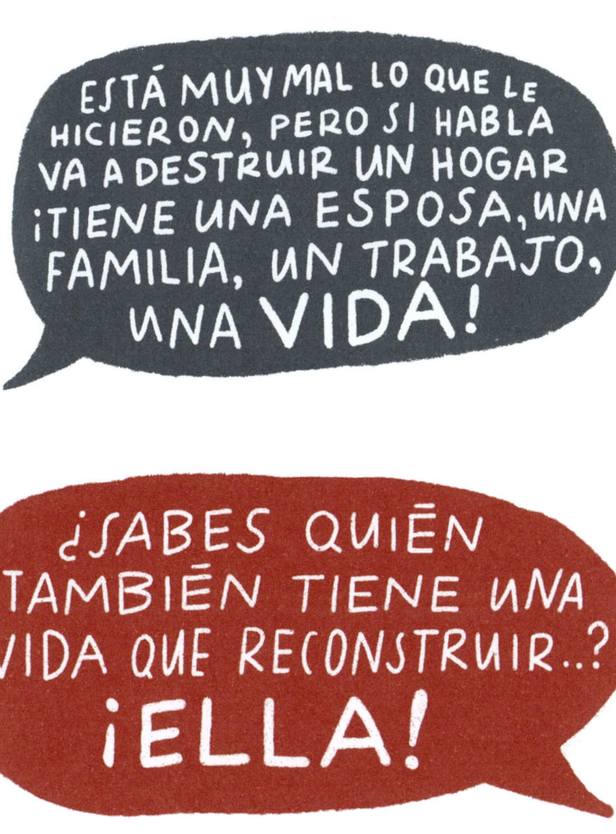
ESTÁ MUY MAL LO QUE LE HICIERON, PERO SI HABLA VA A DESTRUIR UN HOGAR ¡TIENE UNA ESPOSA, UNA FAMILIA, UN TRABAJO, UNA VIDA!
¿SABES QUIÉN TAMBIÉN TIENE UNA VIDA QUE RECONSTRUIR..? ¡ELLA!

CONCLUSIONES

Para escribir este libro fue necesario emprender un proceso de observación de nuestra propia vida cotidiana: escuchar nuestros diálogos de forma distinta, mirar la tele y ojear las revistas se volvió un trabajo que requirió otro tipo de concentración. Nos hizo cuestionarlo todo, analizar cada detalle y comentario de las pláticas de amistades y familia y, en algunos casos, registrarlos y citarlos en los ejemplos que hemos escrito en cada apartado.

Nada de lo que escribimos en este libro es ficción, todos son casos y ejemplos de la vida real, pero bien podrían ser escenas o diálogos de alguna novela o una película antigua por parecernos caducos o anticuados. La realidad es que a pesar de lo rancio que resultan, siguen vigentes.

El proceso de escritura de este libro nos hizo darnos cuenta de que realmente no "estamos locas" ni "somos unas histéricas y exageradas", sino que, tristemente, vivimos en una sociedad que constantemente nos maltrata y que, al formar parte de ella, nosotras también hemos incurrido en estos actos. También entendimos que no estamos solas. El enojo y la rabia que sentimos pueden ser motor para cambiar las cosas.

Es como si comenzáramos el día con un vaso vacío y que durante el día se llenara hasta colmarse, nos harta. ¿Qué hacer ante la violencia que aparece todo el tiempo como gotas o como tsunamis? El primer paso, quizá, es poder detectar las violencias: darnos cuenta de que eso que nos incomoda y no sabemos por qué, es algo exterior y no es "nuestra culpa": no "estamos locas" por sentir. Después, es necesario tener las herramientas para detectar los actos machistas que nos afectan y poder nombrarlos. Lo siguiente es recordar que tenemos derecho a reclamar ante aquello que nos incomoda. El reclamo deviene en la denuncia, y denunciar o no es una elección personal. Cuando alguien lo hace, nos corresponde escuchar y ser empáticas, para así poder tejer, desde la sororidad, redes de apoyo.

Ante una sociedad que sostiene violencias, la solidaridad entre nosotras —no una fe ciega, sino un interés honesto por las vivencias de las demás— puede ser un primer gran paso para que dejen de ser invisibles estos machismos cotidianos.

GLOSARIO

ANDROCENTRISMO Viene del griego *andros* = hombre. Se trata de la perspectiva que coloca al hombre como centro del mundo: la experiencia masculina se entiende como la generalidad, como lo universal, como la experiencia humana en su totalidad, mientras que lo femenino se entiende como la otredad. En la cultura occidental el hombre se ha situado como el protagonista, punto de referencia y parámetro en todos los campos: la historia, el lenguaje, la medicina, el arte, la ciencia, mientras que las experiencias y las aportaciones de las mujeres han permanecido silenciadas. Hay que aclarar que esta visión tampoco se refiere a todos los hombres, sino que impone un modelo de masculinidad que aparece como representación de la humanidad, dejando fuera las demás formas de vivirla.

BINARISMO Nuestras sociedades se han organizado de manera binaria, es decir que la gran diversidad que poseemos como seres humanos se ha reducido a dos posibles clasificaciones opuestas y complementarias. Así, a pesar de que a nivel biológico podemos identificar una clara variabilidad sexual, sólo reconocemos hombres o mujeres; aunque existen múltiples formas de vivir el género, sólo se piensa en términos de femenino y masculino. Lo mismo ocurre con la orientación sexual, las personas somos muy complejas como para ser clasificables en las categorías heterosexual/homosexual. El sistema binario supone además que estos aspectos deben estar alineados, de modo que nuestro sexo (macho/hembra) debe corresponder con nuestro género (masculino/femenino) y debemos sentirnos atraídos por el otro sexo (heterosexualidad), excluyendo a todas las personas que no se sienten identificadas con este modelo.

BRECHA DEL ORGASMO Otra de las desigualdades entre hombres y mujeres es el conseguir llegar a un orgasmo (en inglés *orgasm gap*). Al centrarse las relaciones heterosexuales en la penetración y el placer de él, la cantidad de orgasmos y su intensidad es muy diferente entre hombres y mujeres heterosexuales (a diferencia de las mujeres que tienen relaciones sexuales con mujeres), además se considera que el acto sexual culmina cuando él tiene un orgasmo y eyacula, lo que hace que el orgasmo femenino se conciba como "menos importante", porque para muchos hombres buscar el orgasmo de ella resulta algo "extra" que se consigue con el llamado "juego previo" (*foreplay*), el cual pareciera algo intrascendente y aparte del acto sexual.

CULTURA DE LA VIOLACIÓN Con este concepto nos referimos a la forma en que una manifestación extrema de misoginia y de violencia como la violación se ha normalizado, al grado de que en muchas ocasiones no la entendemos como tal. El otro día, una mujer en el trabajo narraba cómo había pasado todo el día acompañando a una amiga en el hospital porque "había sufrido un accidente". Cuando le pregunté qué le había pasado a su amiga me quedé horrorizada al escuchar su respuesta: "La violaron". Un accidente puede ser caer en una coladera, incluso que te atropellen, pero una violación no es y nunca será un accidente. La mujer contaba que la enfermera le había regalado a su amiga una medallita de San Benito para que la protegiera contra este tipo de peligros. La violación es pensada como un desafortunado accidente, atribuido a estar en el lugar y momento equivocados y no al violador. Muchas veces ocurre que se le atribuye a ciertas características del agresor: era muy reservado, era pobre, era un borracho, como si fueran excepciones extraordinarias, evitables, que nada tienen que ver con la sexualidad, cuando es precisamente lo contrario, están en el corazón de nuestra sociedad. Las violaciones son aceptadas, solapadas e incluso validadas a tal punto que son invisibilizadas y negadas por la sociedad y las instituciones. La falta de voluntad y seguimiento de los casos por parte de las autoridades, la culpabilización de la víctima, la impunidad, los discursos que victimizan a los hombres por ser vulnerables a ser acusados falsamente (un discurso que ha tomado mucha fuerza en España frente a las denuncias de justicia), la cosificación del cuerpo de las mujeres, es decir, el pensar a las mujeres como objetos siempre disponibles sexualmente para quien lo desee, la idea de que las mujeres "provocan" a los hombres con sus movimientos y su ropa, el argumento de que los hombres tienen necesidades sexuales incontenibles y deben satisfacerlas sin importar cómo y dónde como si fueran alguna especie animal en medio de la selva, que subyacen en las imágenes presentadas en las telenovelas, los cómics, las películas, los videojuegos (¡existen algunos especializados!) la pornografía y los dichos populares, así como los chistes que aluden a la violación como una ocurrencia pícara, como algo sexy o excitante, o hasta como un cumplido ("si eres fea, nadie querrá violarte") son aspectos que contribuyen al fortalecimiento de esta "cultura de la violación", en donde estas agresiones sexuales, ejercicios violentos de poder y desprecio, son considerados algo "normal", cosas que pasan. La violación deja profundas secuelas. En México 41.3% de las mujeres ha sido víctima de violencia sexual, de las cuales 88.4% decide no tomar ninguna acción ante las autoridades (INEGI, 2017), ya sea por desconfianza o simplemente porque consideran que es una pérdida de tiempo, ya que habrán de enfrentarse con funcionarios o funcionarias que cuestionarán sus dichos y terminarán siendo revictimizadas.

EXPRESIÓN DE GÉNERO Es la forma en la que cada persona manifiesta el género con el que se identifica. Esta manifestación incluye las formas de hablar, de vestirse, de peinarse o maquillarse y a su vez varía en cada época y cultura. Por ejemplo, la expresión de género de un hombre elegante en Florencia en el siglo XV conllevaba usar ropa colorida y tonos rosados, de seda o terciopelo con brocados, que ahora nos podrían parecer formas (supuestamente) muy femeninas de vestirse. Cada persona exterioriza y experimenta su género de formas distintas y en cada época las personas expresan su género de maneras diferentes.

FEMINICIDIO Es un crimen de odio en el que se mata a una mujer, sin embargo, no todos los asesinatos de mujeres son feminicidios. A diferencia de otros casos de homicidio, los feminicidios son asesinatos motivados por el odio e incluyen humillación, terror, maltrato físico y psicológico, hostigamiento, abuso sexual, entre otros, es decir, son una forma extrema de violencia machista. De modo que el asesinato de una mujer no es automáticamente un feminicidio, por ejemplo, si en un asalto matan a una mujer al robarle su cartera, es un homicidio.

Un feminicidio se distingue porque la víctima presenta violencia sexual, ha sufrido lesiones o mutilaciones, existen antecedentes de violencia en su ámbito laboral, escolar o familiar por parte del asesino, cuando la víctima y el asesino hayan tenido alguna relación afectiva, romántica o de confianza, si por parte del agresor la víctima sufrió acoso, lesiones, amenazas, si la víctima fue incomunicada o si el cuerpo de la víctima fue expuesto después del feminicidio en un lugar público.

El término feminicidio comenzó a usarse para visibilizar que no se trata de hechos aislados, sino de la manifestación extrema de discriminación hacia las mujeres, tanto en el ámbito privado como en el público.

Es importante la diferenciación entre homicidio y feminicidio porque implica un tratamiento especializado que responda a la complejidad de estos casos, tanto en el proceso de peritaje, como en el juicio, en la condena y en la lucha por acabar con la impunidad.

FEMINISMO Se llama así al movimiento político y social que busca terminar con la opresión hacia las mujeres. Al existir distintas corrientes con diversas posturas se habla de *feminismos* para dar cuenta de la pluralidad de enfoques y perspectivas, pero el objetivo principal de todos ellos es transformar este planeta en un lugar en donde todas las personas tengan los mismos derechos sin ser oprimidas ni opresoras. Son movimientos de mujeres que luchan por reconocimiento y justicia.

También es un campo de análisis teórico que permite cuestionar el orden establecido. Desde el punto de vista histórico, aunque existen antecedentes, se identifica su inicio en el siglo XVIII en Francia, cuando la Ilustración comenzó a reivindicar los principios de igualdad y fraternidad. Sin embargo, estos nuevos ideales no incluían a las mujeres (es emblemático el caso de la escritora abolicionista Olympe de Gouges, nacida en 1748, quien escribió los *Derechos de la mujer y de la ciudadana* y fue guillotinada en 1793), quienes como colectivo tomaron conciencia de las opresiones y la explotación en que vivían. Era el principio de una lucha que, a través de tres siglos, ha conseguido avances muy importantes, sin embargo, aún queda mucho por delante.

Los feminismos han luchado para comprender la importancia de la diferencia sexual como eje de poder, en la constitución subjetiva de los individuos y en la organización social. Y también señalan cómo las diferencias y desigualdades resultantes son diferentes en cada caso, de acuerdo con la racialización, la clase, la sexualidad, la edad, etc., de las personas. Así, el feminismo es un proceso histórico, una teoría política y una práctica política que busca el reconocimiento de las mujeres como seres humanos libres y autónomos. Es una toma de conciencia de las trampas y los estereotipos que sostienen la desigualdad y un paso adelante para terminar con ellos.

GÉNERO Son las normas, comportamientos o ideas que la sociedad ha establecido para las personas de acuerdo al sexo con el que nacieron, de modo que se otorga un rol cultural a las personas desde la cuna. A través de estos roles asignados aprendemos a construir nuestra identidad y establecer relaciones con los demás.

Al ser una construcción cultural, las características y valores atribuidos a cada género son distintos en cada cultura y momento histórico, por ejemplo, el pelo largo en los hombres era bien visto hace dos siglos en Occidente y ahora no lo es. En algunas sociedades se conciben más de dos géneros (géneros múltiples). Por ejemplo, las personas muxes en el Istmo de Tehuantepec, Oaxaca; en Indonesia hay buguis o en Omán hay xanith, por mencionar sólo algunos casos en donde las personas no son identificadas como hombres o mujeres, sino como pertenecientes a otro género.

El género no es una característica fija, sino que está en constante cambio y es algo performativo, como lo describe la filósofa Judith Butler, porque es algo que se repite y es validado por la convención social.

INTERSECCIONALIDAD Nuestras identidades son múltiples y se transforman todo el tiempo. No sólo somos mujeres u hombres, el género se articula con muchas otras variables, como la orientación sexual, el origen, la etnia, la clase social, la religión, la raza, etcétera. Estas categorías se interrelacionan, se intersectan y afectan directamente a las maneras en que una persona vive las diferentes formas de opresión o dominación. La interseccionalidad es un enfoque teórico que nos sirve para entender cómo la injusticia y la desigualdad operan en distintas dimensiones. De este modo, las experiencias de una mujer indígena y migrante en una ciudad son radicalmente distintas a las de una mujer blanca dentro de la misma ciudad, las violencias de género que pueden enfrentar ambas operan de forma distinta. Las mujeres privilegiadas (de clase alta, blancas, heterosexuales, etc.) si bien también son víctimas de violencias machistas (desde acosos laborales hasta violaciones o feminicidios), no enfrentan o están expuestas a las mismas violencias que las mujeres menos privilegiadas (racializadas, de clase baja, lesbianas, etc.). Este término fue acuñado por la profesora y abogada afroamericana Kimberlé Williams Crenshaw. La misma autora escribe en "Mapping the Margins: Intersectionality, Identity Politics, and Violence Against Women of Color" sobre un estudio que hizo en un refugio para mujeres, en el que observa que la mayoría de las mujeres que huyen de violencia doméstica eran desempleadas o subcontratadas, en situación de pobreza. Las mujeres afroamericanas que llegan viven en pobreza, son responsables de sus hijos sin redes de apoyo y no tienen una formación que les permita obtener trabajo. De esta manera, el género, la raza y la clase se interseccionan en este albergue.

IDENTIDAD DE GÉNERO Es la respuesta a cómo una persona se identifica y se refiere a sí misma con respecto a su sexo y su género. Se trata de la forma en que cada persona experimenta su propio cuerpo. Puede coincidir o no con el sexo biológico o asignado al nacer. Por ejemplo, nosotras, las escritoras de este libro, nos identificamos como mujeres.

MASCULINIDADES La masculinidad se define como el conjunto de atributos, valores, comportamientos y conductas que son característicos del hombre en una sociedad determinada. Sin embargo, no existe un modelo único de "lo masculino" que pueda extenderse a todos los hombres; al ser una construcción social, adquiere distintos significados en consonancia con los cambios culturales, ideológicos, económicos e incluso jurídicos de cada sociedad, en una época determinada. Existen muchísimas formas de ser hombre: aspectos como la raza, la orientación sexual, la condición o clase social, la ubicación geográfica, la profesión o la pertenencia a algunos grupos, entre otros factores, hacen de la masculinidad una experiencia diferente. Sin embargo, en cada contexto suele haber un tipo de masculinidad dominante, que excluye a quienes no cumplen con el modelo, por ejemplo, ser fuerte, agresivo, valiente.

MASCULINIDAD FRÁGIL Para actuar de la manera adecuada que la masculinidad dominante dicta, o sea "la forma correcta de ser hombre", los varones viven sumamente restringidos porque cualquier cosa puede romper su masculinidad, por eso se dice que es "frágil". Una mujer, incluso ante las restricciones con las que vive, puede usar prendas masculinas o tomar actitudes "de hombre" sin verse afectada porque se entiende que lo masculino "la eleva": puede jugar tan bien futbol "como un hombre" o ser líder de su empresa "como un hombre" y eso es aplaudible (siempre y cuando no "se pase"). Sin embargo, los hombres no pueden tener actitudes supuestamente "femeninas" porque eso los rebaja (hay un gran factor de misoginia y homofobia en ello): no saludan de beso a otros hombres, no usan champú de mujeres, no toleran que su pareja gane más que ellos, no dicen públicamente que hacen dieta o usan tratamientos de belleza. Pueden ser cosas tan ridículas como no atreverse a pedir una ensalada en un restaurante con amigos (porque "los hombres comen carne y las ensaladas son de mujeres") hasta cosas con efectos muy serios como no ser empáticos con las emociones de las personas que les rodean o su pareja, o no lloran en público porque ponen en duda su masculinidad.

Aunque las cosas cambian poco a poco, como que los varones hablan abiertamente ya de cuidado personal, en realidad persisten estas formas tan endebles de ser "masculino" que llegan a puntos ridículos: como un hombre que se niega a usar una crema antiarrugas "de mujer" pero compra el mismo producto con un empaque "de hombre" sin problema.

MISOGINIA Viene del griego *miso* (odio) y *gyne* (mujer), se entiende como el odio o la aversión hacia las mujeres, sin embargo, durante las últimas décadas su sentido se ha ampliado para denominar prácticas y prejuicios contra las mujeres en distintos ámbitos sociales. En la cultura occidental las mitologías antiguas y la religión han transmitido ideas misóginas que generan desconfianza hacia las mujeres, vinculándolas con el mal.

REVICTIMIZACIÓN Llamada también victimización secundaria o doble victimización. Se refiere a cuando una persona que ha sido víctima (es decir, que ha sufrido daños físicos, mentales, emocionales, económicos, abuso de poder o alguna violación de sus derechos fundamentales), vuelve a sufrir daños durante el proceso de recuperación o reparación. Por ejemplo, cuando al hacer una denuncia por acoso, una mujer es cuestionada como si la culpa de una agresión hubiera sido suya, o cuando en nuestro círculo de amistades nos enfrentamos a comentarios que legitiman hechos similares a los que nos causaron dolor. Estos daños, a veces no deliberados pero efectivos, en lugar de contribuir a la superación del dolor o la pérdida, lo refuerzan y no permiten que la persona afectada pueda recuperar su vida tras la pérdida o el daño.

En México la revictimización es un obstáculo gigantesco para obtener justicia ante la situación de extrema violencia que se vive. Es común que cuando una familia va a denunciar la desaparición forzada de su hija en el Ministerio Público le digan que "seguro se escapó con el novio" o que cuando asesinan o desaparecen a varones o mujeres las autoridades digan que "estaban en malos pasos" o eran "criminales" antes de siquiera investigar. Esta negligencia revictimizante vuelve aún más doloroso el proceso de las familias.

ORIENTACIÓN SEXUAL La orientación sexual está relacionada con la preferencia sexual de una persona, es decir, con quien nos hace sentir una atracción emocional, afectiva y sexual. En las sociedades patriarcales se ha establecido que la combinación ideal es la heterosexualidad, es decir, que las mujeres se sientan atraídas por los hombres y los hombres por las mujeres. Sin embargo, no tiene nada que ver con el sexo biológico o con la identidad de género. Las formas en que se ha pensado y clasificado la orientación sexual son distintas en diferentes culturas y se transforman a través del tiempo. Hay muchas formas de desarrollar este aspecto de la vida; más allá de categorías, todas las personas deben ser libres de elegir y disfrutar de su vida afectiva como lo prefieran.

PATRIARCADO Es un sistema de organización política, económica, religiosa y social que deposita la autoridad y liderazgo en la figura del varón. En los patriarcados los hombres ejercen el control y dominio sobre las mujeres: los esposos sobre las esposas, el padre sobre la madre, los hijos sobre las hijas, los viejos sobre los jóvenes y la línea de descendencia paterna sobre la materna. Son ellos quienes ocupan los puestos más importantes en las instituciones políticas, religiosas y culturales, desde donde se toman las decisiones que afectan a todos los integrantes de una sociedad. Estas decisiones afectan la sexualidad y la reproducción de las mujeres, sus relaciones amorosas, familiares, laborales. El patriarcado necesita crear un orden simbólico que contribuye a perpetuarse, a través de los mitos y las religiones, del lenguaje, de los ideales y sueños que plantea, se va adaptando a los nuevos contextos. En la década de los setenta las feministas extendieron la idea de "lo personal es político" (Carol Hanisch escribió un ensayo en 1969 llamado *The Personal is Political*), al darse cuenta de que esas experiencias de discriminación y violencia que vivía cada una en sus relaciones de pareja o familiares no eran una excepción, sino que estas situaciones eran producto de un sistema opresor. Todas las personas formamos parte del patriarcado, estamos forjadas por él, sin embargo, esto no quiere decir que no podamos tener una posición crítica frente a él e intentar transformarlo. Un concepto derivado de este es el de *heteropatriarcado*, que subraya la forma en que en el sistema patriarcal la única sexualidad aceptada es la heterosexual, considerada como norma, "lo normal", dejando fuera a todas las personas que no son heterosexuales. El impacto de este mandato está en la forma en que pensamos todas nuestras relaciones sociales.

SEXO Son las características biológicas, anatómicas, fisiológicas y cromosómicas con las que nacen los individuos de una especie; se dividen en masculinos y femeninos. El sexo viene determinado por la naturaleza y no por la sociedad. En el caso de la especie humana existe también la intersexualidad, que sucede cuando una persona presenta las características sexuales masculinas o femeninas en proporción variable. En ese sentido, existe una inmensa multiplicidad sexual que puede tener nuestro cuerpo, por ejemplo, cuando la persona presenta gónadas masculinas y femeninas.

SORORIDAD Se refiere a la solidaridad y complicidad entre mujeres en un contexto de violencia de género. Viene del latín *soror*, que quiere decir hermana. De ahí la palabra inglesa *sorority*, o *sororité* en francés, que hace alusión a las hermandades femeninas. La académica mexicana Marcela Lagarde (quien también ha trabajado el concepto de feminicidio) ha impulsado este término, que entiende como la amistad entre mujeres diferentes y pares encontradas en el feminismo

—que la sociedad patriarcal concibe como competidoras o enemigas—, para generar alianzas a través de las cuales logran trabajar, crear, vivir la vida con un sentido libertario y contribuir juntas a eliminar las opresiones.

VIOLENCIA DE GÉNERO Es un problema social que sucede cuando se ejerce violencia simbólica, institucional, económica, sexual o física en contra de una persona (o un grupo de personas) con motivo de su orientación sexual, identidad sexual, sexo o género, con la intención de controlar sus comportamientos, su sexualidad o sus cuerpos. Es una manifestación de las relaciones de poder históricamente desiguales que sitúan a los varones en lo alto de la jerarquía social, lo cual representa un problema global de enorme gravedad.

BIBLIOGRAFÍA

Aniston, Jennifer. "For The Record", en HuffPost, diciembre de 2016. http://www.huffingtonpost.com/entry/for-the-record_us_57855586e4b03fc3ee4e626f?section=.

Arbor, Ann. "Exactly how much housework does a husband create?", en Michigan News, University of Michigan, abril de 2008. https://news.umich.edu/exactly-how-much-housework-does-a-husband-create/.

Bachynski, Kathleen. "American Medicine Was Built on the Backs of Slaves. And It Still Affects How Doctors Treat Patients Today", *The Washington Post*, 4 de junio de 2018. https://www.washingtonpost.com/news/made-by-history/wp/2018/06/04/american-medicine-was-built-on-the-backs-of-slaves-and-it-still-affects-how-doctors-treat-patients-today/?noredirect=on&utm_term=.041c948688d2.

Beard, Mary. "La voz pública de las Mujeres", en *Habla*, México, Antílope, 2017.

Bian, Lin, Sarah-Jane Leslie y Andrei Cimpian. "Gender Stereotypes about Intellectual Ability Emerge Early and Influence Children's Interest", *Science*, enero de 2017.

Bonino, Luis. "Micromachismos. La violencia invisible en la pareja moderna", en José Ángel Lozoya y José María Bedoya, coord. (2008). *Voces de hombres por la igualdad*, http://vocesdehombres.wordpress.com/ [Consultado el 30 de marzo de 2019]

Brito, Alejandro (ed.). "Violencia, impunidad y prejuicios. Asesinatos de personas LGBTTT en México 2013-2017", Letra S, Sida, Cultura y Vida Cotidiana, 2018.

Cano, Gabriela, Mary Kay Vaughan y Jocelyn Olcott (eds.), *Género, poder y política en el México posrevolucionario*, México, FCE, 2009.

Castañeda, Marina. *"El machismo invisible: un enfoque interpersonal"*, en *Este País,* México, núm. 133, abril 2002, pp. 51-55.

Castañeda, Marina y Eva Lobatón. *El machismo ilustrado*, México, Taurus, 2013.

"Cinco cosas que no sabías sobre la discapacidad y la violencia sexual", Fondo de Población de las Naciones Unidas, 30 de octubre de 2018. https://www.unfpa.org/es/news/cinco-cosas-que-no-sab%C3%ADas-sobre-la-discapacidad-y-la-violencia-sexual.

Clit, Emma. *La carga mental*, Barcelona, Lumen, Penguin Random House, 2018.

Diagnóstico de la participación equilibrada de mujeres y hombres en los cargos de elección popular en México, CNDH. http://pesmujeres.com/revista/diagnostico-la-participacion-equilibrada-mujeres-hombres-en-los-cargos-eleccion-popular-en-mexico-la-cndh/.

Díaz Covarrubias, José. *La Instrucción Pública en México. Estado que guardan la instrucción primaria, la secundaria y la profesional en la República. Progresos realizados, mejoras que deben introducirse*, México, Imprenta del Gobierno en Palacio, 1875. https://repositorio.itesm.mx/handle/11285/573959.

"Diputada de Morena en Veracruz propone toque de queda para prevenir feminicidios", Animal Político, 21 de enero de 2019. https://www.animalpolitico.com/2019/01/diputada-toque-de-queda-veracruz/.

"El crecimiento mundial del salario registra el nivel más bajo desde 2008 mientras que las mujeres todavía ganan

20 por ciento menos que los hombres", Organización Internacional del Trabajo, 26 de noviembre de 2018. https://www.ilo.org/global/about-the-ilo/newsroom/features/WCMS_650648/lang--es/index.htm.

"El médico que diagnosticó 'no bien follada' a una paciente incendia las redes", *La opinión de Murcia*, 10 de septiembre de 2016. https://www.laopiniondemurcia.es/murcia/2016/09/10/medico-diagnostico-follada-paciente-incendia/766252.html.

Encuesta Nacional sobre la Dinámica de las Relaciones en los Hogares (Endireh) 2016, INEGI, 2017. https://www.inegi.org.mx/programas/endireh/2016/.

Estado de la Población Mundial 2016. https://www.unfpa.org/sites/default/files/sowp/downloads/The_State_of_World_ulation_2016_-_Spanish.pdf.

Esteban, Mari Luz, *Crítica del pensamiento amoroso*, Barcelona, Edicions Bellaterra, 2011.

Fausto-Sterling, Anne. *Cuerpos sexuados*, Barcelona, Melusina, 2006.

Frederick, David, Elisabeth Anne Lloyd, Kate St. John y Justin Garcia. "Differences in Orgasm Frequency Among Gay, Lesbian, Bisexual, and Heterosexual Men and Women in a U.S. National Sample", *Archives of Sexual Behavior*, febrero de 2017.

Garber, Marjorie. *Vested Interests: Cross-Dressing and Cultural Anxiety, Harmondsworth*, Penguin Books, 1992.

Krug, Etienne *et al.* "Informe mundial sobre la violencia y la salud", Washington, Organización Mundial de la Salud, 2003.

Lagarde, Marcela. "Pacto entre mujeres, sororidad", en *Aportes para el debate*, edición 25, Equidad de Género, 2009, pp. 123-135. https://www.asociaciong.org.ar/pdfaportes/25/09.pdf.

"Las mujeres de 50 son 'demasiado viejas' para quererlas: las polémicas declaraciones de Yann Moix, el escritor francés 'incapaz' de amar a las mujeres de su misma edad", BBC News Mundo, 9 de enero de 2019. https://www.bbc.com/mundo/noticias-46793786.

Leigh Hester, Jessica. "'Manspreading': Now Taking Up Space in the Oxford English Dictionary", en Citylab, agosto de 2015. https://www.citylab.com/life/2015/08/manspreading-now-taking-up-space-in-the-oxford-english-dictionary/402592/.

Maines, Rachel P. *The Technology of Orgasm: "Hysteria", the Vibrator, and Women's Sexual Satisfaction*, Baltimore, Johns Hopkins University Press, 1999.

McDowell, Linda. *Género, identidad y lugar. Un estudio de las geografías feministas*, Madrid, Cátedra / Universitat de València / Instituto de la Mujer, 2000.

Me, Angela, Andrada-Maria Filip y Marieke Liem. "Global Study on Homicide. Gender-related killing of women and girls", Viena, Oficina de Naciones Unidas contra la Droga y el Delito, 2018. https://www.unodc.org/documents/data-and-analysis/GSH2018/GSH18_Gender-related_killing_of_women_and_girls.pdf.

Migueles, Rubén. "Abandonan empleo más de 23 mil por acoso y discriminación", *El Universal*, 8 de julio de 2019.

Mirabilia, Pandora y Mar Guixé, *Feminismos y LGBT+ ¡Imparables!*, Barcelona, Astronave, 2018.

Molina, Paula. "El 'chiste machista' que obligó al expresidente y candidato Sebastián Piñera a pedir perdón (y que Bachelet considera inaceptable)", BBC News Mundo, 21 de junio de 2017. https://www.bbc.com/mundo/noticias-america-latina-40350828.

Moss-Racusin, Corinne A. *et al.* "Science faculty's subtle gender biases favor male students", pnas, 9 de octubre de 2012 109 (41) 16474-16479. https://doi.org/10.1073/pnas.1211286109.

Mujeres y hombres en México 2017, INEGI. http://cedoc.inmujeres.gob.mx/documentos_download/MHM_2017.pdf.

Muntané Rodríguez, Isabel. "No son micromachismos", *El País*, 6 de febrero de 2019. https://elpais.com/elpais/2019/02/04/opinion/1549298461_391257.html.

"Padre gana batalla al IMSS: Logra amparo de la corte para inscribir a su hijo en guardería", Animal Político, 18 de mayo de 2018. https://www.animalpolitico.com/2018/05/corte-imss-amparo-guarderia/.

Rius, Mayte. "La salud según el género", *La Vanguardia*, diciembre de 2013. https://www.lavanguardia.com/estilos-de-vida/20131220/54397328987/la-salud-segun-el-genero.html.

Sandberg, Sheryl y Adam Grant, "Speaking While Female", New York Times, 12 de enero de 2015. https://www.nytimes.com/2015/01/11/opinion/sunday/speaking-while-female.html.

Sanyal, Mithu M. *Vulva. La revelación del sexo invisible*, Barcelona, Anagrama, 2012.

"Siete pasajeros se bajan de un vuelo Miami-Buenos Aires porque los pilotos eran mujeres", *El País*, 16 de julio de 2016. https://elpais.com/internacional/2016/07/15/argentina/1468607855_424145.html.

Silverstein y Sayre, "The Female Economy", *Harvard Business Review*, septiembre de 2009

Solnit, Rebecca. "Los hombres me explican cosas", en *Habla*, México, Antílope, 2017.

Sontag, Susan. "A Woman's Beauty: Put-Down or Power Source?", en *Vogue*, 1975. St. Martin's, 2014.

Tuñón, Julia. *Mujeres*, México, Debate/CONACULTA/Penguin Random House, 2015.

Vela Barba, Estefanía. "La fiscalización del tono", *El Universal*, 16 de octubre de 2015. https://www.eluniversal.com.mx/blogs/estefania-vela-barba/2015/10/16/la-fiscalizacion-del-tono.

—. "¿Y la violencia en contra de los hombres, qué?", *El Universal*, 24 de noviembre de 2016. http://www.eluniversal.com.

mx/blogs/estefania-vela-barba/2016/11/24/y-la-vio-
lencia-en-contra-de-los-hombres-que.

"Vicky Tovar recordó la misoginia que sufrió de futbolistas",
Mediotiempo, 8 de marzo de 2017. https://www.medio-
tiempo.com/futbol/liga-mx/vicky-tovar-recordo-mi-
soginia-sufrio-futbolistas.

"Violencia contra la mujer con discapacidades", Departamento de Salud y Servicios Sociales de los Estados Unidos,
Oficina para la Salud de la Mujer, s/f. https://espanol.
womenshealth.gov/relationships-and-safety/other-
types/violence-against-women-disabilities.

Williams Crenshaw, Kimberlé. "Mapping the Margins: Intersectionality, Identity Politics, and Violence Against
Women of Color", *Stanford Law Review*, vol. 43, núm.
6, julio de 1991.

Wolf, Naomi. *The Beauty Myth*, Nueva York, Harper Perennial,
2002.

51%: Una agenda para la igualdad, Grupo de Información en
Reproducción Elegida / EQUIS: Justicia para las Mujeres /, Instituto de Liderazgo Simone de Beauvoir, 2018.

AGRADECIMIENTOS

¡GRACIAS! Las líneas que aquí hemos escrito han sido posibles gracias a las conversaciones, lecturas, discusiones que hemos compartido con personas muy especiales para nosotras, a quienes queremos agradecer su apoyo, su inteligencia, su lucidez y su afecto.

Primero que nada al trabajo editorial de David Velázquez y Fernanda Álvarez, quienes nos leyeron con paciencia y cuidado. A las pláticas, sugerencias y comentarios de Alina Schmidt, Alfonso Flores, Estefanía Vela, Alejandra Rangel, César Galicia, Jonás Derbez, Luisa Durán y Casahonda, Minerva Anguiano, Diego Merla, Claudia Gómez Cañoles, Said Dokins y Alma Gálvez.